Elogios para *¿Tengo tu atención?*

"Las fascinantes historias de Sam me absorbieron desde los primeros diez segundos que estuve ojeando. Este es el libro más realista, inspirador y práctico que haya leído acerca de cómo captar la atención de otros".

**—Derek Sivers, orador TED sobre
"El primer seguidor" y fundador de CD Baby**

"Influenciar con integridad no solo es posible, es preferible. Este libro muestra cómo hacerlo".

**—Dra. Joan Fallon, fundadora de Curemark y ganadora de un
Premio Gold Stevie 2014 a "Disidente del año"**

"El nuevo libro de Sam es todo lo que ella recomienda: verdadero, nuevo, eficiente, atractivo, interactivo y *práctico*. Sam vive todas etas cosas ¡y nos ha dado una guía para hacerlo también!".

**—Robert Wolcott, co-fundador y director ejecutivo de la Red de
Innovación de Kellogg, Escuela de administración de Kellogg**

"Sam Horn es la mejor oyente y conversadora que conozco. Este libro ayudará a todos sus lectores a establecer conexiones en el trabajo y en casa".

**—Mariah Burton Nelson, vicepresidenta de Innovación y
Planeación, Sociedad Americana de Ejecutivos de Asociaciones**

"¿Estás buscando cómo explicar lo que haces y dar a entender el valor de lo que tienes para ofrecer? Este libro es para ti".

—Saul Kaplan, fundador de Business Innovation Factory

"Ni siquiera pienses en preparar un discurso, una propuesta o una presentación sin primero leer *¿Tengo tu atención?*".

**—Kay Koplovitz, fundador de USA Networks y cofundador
y presidente de Springboard Enterprises**

"Poderosas perspectivas sobre cómo construir un movimiento duradero y crear auténticas conexiones con voluntarios, donadores, socios estratégicos y cualquiera que interactúe con tu marca".

—**Adam Braun, fundador de Pencils of Promise**

"Una lectura obligada para cualquiera que esté en el entorno laboral y quiera contribuir a un nivel más alto, creando más redes estratégicas".

—**Betsy Myers, exdirectora ejecutiva del Centro para Liderazgo Público, Escuela Kennedy de Harvard**

"Sam Horn hace y responde a la pregunta que nos asalta a muchos: ¿Qué se necesita para conectarse de verdad con otros en una cultura de impaciencia y distanciamiento? Una guía muy amigable".

—**Elizabeth Lesser, cofundadora de Omega Institute y autora de *Broken Open***

"Estas técnicas, fáciles de aplicar, trascienden generaciones y se leen como si fueran la versión moderna de *Cómo ganar amigos e influir sobre las personas*".

—**Miki Agrawal, una de los "10 Milenials en misión" más importantes según la revista *Forbes* y fundadora de THINX**

"Perspectivas que hacen pensar sobre cómo ser claro y conciso".

—**Roger Hunter, gerente de proyectos y orador de TEDxUGA**

"He entrevistado a Sam en mi programa. Ella es genial, así como este libro".

—**John Lee Dumas, fundador y anfitrión del podcast *Entrepreneur on Fire***

"Todo empresario, ejecutivo y educador se beneficiará al leer este brillante libro".

—**Amy Wilkinson, exmiembro de la Casa Blanca y autora de *The Creator's Code***

"Ya sea que estés haciendo un discurso, una presentación, promoviendo algo o persuadiendo a alguien, debes saber cómo hacer que te escuchen por encima del ruido. Este inteligente y conciso libro de Sam Horn te enseñará a captar la atención de las personas... y mantenerla".

—**Daniel H. Pink, autor de *To Sell Is Human* y *Drive***

"Si no puedes captar la atención de los demás, nunca lograrás que te compren. El nuevo libro de Sam Horn muestra cómo ganar atención y respeto con rapidez, de tal forma que los demás se sientan motivados a escuchar".

—**Terry Jones, fundador de Travelocity, presidente fundador de Kayak.com y presidente de WayBlazer**

"¿Quieres ser un comunicador más cautivante? Sam te muestra formas innovadoras de iniciar conversaciones genuinas y crear conexiones significativas que te ayudarán a convertir desconocidos en amigos".

—**Keith Ferrazzi, autor de *Never Eat Alone*, y el libro número uno de los mejores vendidos en el listado del *New York Times*, *Who's Got Your Back***

"En el entorno laboral de hoy, que es cada vez más agrietado; estas técnicas para atraer empleados y clientes, concentrándose primero en sus necesidades y prioridades, son obligatorias para cada líder".

—**Marshall Goldsmith, pensador de negocios global del listado de los diez más de *Thinkers 50***

SAM HORN

¿Tengo tu atención?

CÓMO GENERAR CURIOSIDAD
EN LOS DEMÁS Y LOGRAR QUE ACTUEN

TALLER DEL ÉXITO

CONTENIDO

Dedicación a Dale Carnegie

Nunca te conocí personalmente, pero tu clásico libro
Cómo ganar amigos e influir sobre las personas ha
influenciado toda mi vida.

En mi adolescencia, mientras luchaba por encontrar mi
lugar en este mundo, me encontré con tu perdurable visión:
"Podemos hacer más amigos en dos meses si nos interesamos en
otros, de los que podríamos hacer en dos años tratado de hacer
que los demás se interesen en nosotros".

La elemental precisión de esas palabras hizo eco en mi alma
y, desde ese momento, dieron forma a mis interacciones.

Tu libro ratifica la verdad de que los libros cambian vidas.
Puede sonar optimista o incluso arrogante esperar que este
libro tenga la mitad del impacto que el tuyo,
pero una mujer puede soñar. :-)

La premisa de *¿Tengo Tu Atención?* es una afirmación
a tu consejo original:
"Podemos hacer más conexiones en dos meses si nos
intrigamos por otras personas, de las que podríamos hacer
en dos años tratado de hacer que los demás
se intriguen por nosotros".

Eso es lo que espero que se lleven los lectores, que lo sepan
en su corazón y lo apliquen a sus vidas.

Gracias.

¿Qué es INTRIGUE
y por qué es importante?

A mi parecer, la lección más importante que he aprendido
es que nada reemplaza el prestar atención.
DIANE SAWYER, PRESENTADORA DE NOTICIAS

¿SABÍAS QUE LOS peces de colores, sí los peces de colores, tienen lapsos de atención más largos que nosotros los humanos?

Nueve segundos, frente a ocho en los humanos. Al menos eso es lo que la investigadora de la Escuela de Negocios de Hardvard, Nancy F. Koehn, informó en un artículo de febrero de 2014 en *Marketplace Business*. [1]

Pero la cosa empeora. En marzo 15 de 2012, *Fast Company* informó que una de cada cuatro personas abandona un sitio web si tarda más de *cuatro segundos* en cargar. Y los doctores Jacqueline Olds y Richard Schwartz informaron en el *Utne Reader* que "dos estudios recientes sugieren que nuestra sociedad está en medio de una dramática y progresiva caída hacia la desconexión". [2]

Sin duda, tenemos una epidemia de impaciencia, y estamos sufriendo de alienación y una bancarrota de atención, todos y al mismo tiempo.

Eso es un problema, porque, si no puedes captar la atención de los demás, nunca lograrás conectarte con ellos. La buena noticia es que hay formas de superar la impaciencia, la alienación y la distracción crónica de los demás, y este libro las enseña.

Si no puedes captar la atención de los demás, nunca lograrás conectarte con ellos

He aprendido que, si amas la vida, la vida te amará.
ARTHUR RUBENSTEIN, MÚSICO

Me encanta este tema y quiero que a ti también te agrade, así que voy a seguir el consejo de Carrie Fisher. ¿La recuerdas? ¿La Princesa Leia de *Guerra de las galaxias*? Sus orejas eran como un rollo de canela. Sí, esa Carrie. Ella dijo: "la gratificación instantánea toma mucho tiempo".

Carrie tiene razón. No queremos más información. Queremos intriga... y la queremos *ya*. Es por eso que compartiré un breve relato del trasfondo sobre cómo y por qué descubrí y desarrollé el método INTRIGE, y luego pasaré a los "cómo hacerlo". ¿Te parece bien? Genial. Esta es la historia:

Durante diecisiete años, tuve el privilegio de ser la maestra de ceremonias de la Conferencia de Escritores de Maui. En aquel tiempo, hicimos algo sin precedentes: darles a los autores la oportunidad de saltar la cadena de mando y conectarse cara a cara con trabajadores de la industria editorial. Lo que no anticipamos fue que esos autores no sabían cómo establecer conexiones con aquellas personas en capacidad de tomar decisiones. De hecho, en una ocasión, una mujer salió llorando de su reunión. Le pregunté "¿estás bien?".

Y ella dijo, "no, no estoy bien. Acabo de ver cómo mi sueño se va por el desagüe".

"¡Ay! ¿Qué sucedió?".

"Llevo tres años trabajando en mi libro. Lo puse sobre la mesa, el editor le dio una mirada y dijo: 'no tengo tiempo para leer todo esto. Dígame en sesenta segundos de qué se trata su libro y por qué alguien querría leerlo'.

Mi mente se nubló. Pensé que mi trabajo era escribirlo. Pensé que su trabajo era venderlo. Cuanto más intentaba explicarlo, él más se confundía. Mi gran oportunidad, y lo arruiné".

Yo le dije, "todavía tienes una posibilidad para conectarte con agentes y editores. Muchos de ellos van a estar en nuestra recepción esta noche y puedes encontrarte con ellos allá".

Al día siguiente, la vi por el pasillo y le pregunté, "¿tuviste oportunidad de conectarte con algunos agentes y editores anoche?".

Ella no me miró. Yo pensé que quizás no me había escuchado, así que insistí.

Agachando la cabeza, me dijo en voz baja, "no fui".

Dentro de mí pensaba: *¿trabajaste en tu libro por años, invertiste miles de dólares, volaste sobre un continente y cruzaste un océano para llegar hasta acá y tener la oportunidad de conocer a personas con capacidad de decisión y que tienen el poder para hacer realidad tu sueño, y no fuiste?*

Ella dijo, "me sentí muy intimidada. No sabía qué decir. Me escondí en la habitación del hotel".

¡Vaya! Ella no fue la única que no logró hacer un trato ese primer año.

Muchos otros autores fallaron en atraer la atención hacia sus proyectos. Entre más lo pensaba, más me daba cuenta que el problema no estaba en que sus proyectos no fueran valiosos, sino que ellos no sabían cómo conectarse con las personas clave y comunicar de manera rápida y atractiva ese valor de modo que lo entendieran y lo desearan.

Pensé: *alguien tiene que hacer algo al respecto.* Luego entendí: *yo soy ese alguien, y voy a hacer algo al respecto.*

Por eso escribí POP! *Crea el encabezado, título y lema perfecto para cualquier cosa.* Ese libro ha sido presentado en MSNBC, el *New York Times* y *Fast Company*, y ha ayudado a muchos a crear marcas exitosas, títulos que han sido éxito en ventas e innovadoras frases de ventas.

Me siento orgullosa por la diferencia que hizo ese libro, sin embargo, durante los últimos años, he visto que se necesita más que un título y un lema inteligentes para conectarse con los demás. Los títulos y los lemas pueden *capturar* la atención favorable de las personas, pero no pueden *mantenerla*. Si realmente quieres conectarte con los demás, necesitas poder *mantener* su atención favorable y *regalarles* la tuya.

Sin atención de calidad NO puede haber conexión

Solo conéctate.

E. M. FORSTER, NOVELISTA

En el fondo de mi ser, creo que el consejo de Forster "solo conéctate" es cierto. Al final de nuestros días, cuando miremos atrás, lo que importará será: ¿Creamos una conexión genuina con las personas importantes para nosotros?

Sin embargo, muy a menudo, a pesar de nuestras mejores intenciones y esfuerzos, *no* tenemos ese tipo de conexiones. No es que no queramos, sino que no nos han enseñado a hacerlo. Aprendemos matemática, ciencia e historia, pero no nos enseñan a crear conexiones que sean de beneficio mutuo. Como resultado, no lo hacemos bien, o no lo hacemos en absoluto.

¿El resultado? Un profundo sentido de desconexión. Nuestras ideas se quedan sin ser escuchadas. Nuestros proyectos no obtienen financiamiento. Nuestros programas quedan desatendidos. Nuestros sueños no se realizan. Nuestras relaciones van... hacia ninguna parte.

Como Stephen Marche lo dijo en un artículo de *Atlantic* en abril de 2012, *¿Será que Facebook nos está volviendo solita-*

rios?: "Padecemos un aislamiento sin precedentes. Nunca hemos estado tan desprendidos los unos de los otros".

Me hice esta pregunta: *¿qué se necesita para crear conexiones verdaderas con otras personas en medio de una cultura de impaciencia y alienación?* Bien, para que nuestras interacciones sean mutuamente gratificantes, tiene que haber una atención de *doble vía*. ¿Y cómo hacemos eso? Dejemos de tratar de *recibir* atención y comenzar a *dar* atención.

Tiene sentido ¿correcto? Si queremos que los demás nos den de su valioso tiempo y atención, nosotros tenemos que dar los nuestros primero. El nuestro es el primer turno. Nosotros sentamos el precedente. El intrigarnos *por* los demás hace que seamos intrigantes *para* los demás. La INTRIGA mutua es la clave para convertir esas comunicaciones frustrantes, de pérdida te tiempo y de una sola vía, en conexiones productivas gratificantes y de doble vía.

Cómo obtener el mayor provecho de este libro

¿A qué se volvía cuando no existían las mesas de dibujo?
GEORGE CARLIN, COMEDIANTE

He decantado todo lo aprendido acerca de este tema, llegando a un acrónimo fácil de aplicar: INTRIGUE.

Míralo como una receta para generar conexiones. Cada letra de la palabra INTRIGUE representa un ingrediente que te puede ayudar a crear atención favorable y recíproca, lo cual es la clave de las conexiones en las relaciones. Como con cualquier receta, adáptala a tu gusto y situación.

Supongo que tienes muchas ocupaciones, así que los capítulos son de menos de diez páginas para que puedas sumergirte y extraer valor, así solo dispongas de pocos minutos libres.

Las preguntas de acción, al final de cada capítulo, pueden ser útiles para que converses con tu equipo sobre cómo pueden adaptar esas ideas según sus prioridades.

Y hablando de prioridades, la mejor forma de beneficiarse de este libro es completar el Formulario W5 de la siguiente página. Si mantienes a la vista tu Formulario W5 (que es la versión INTRIGUE de una "mesa de dibujo") conforme avances en la lectura de los capítulos, tendrás una ayuda para pasar del modo *observador* ("esa es una buena idea") a *activador* ("así es como voy a poner en práctica esa idea"), y así es como podrás cosechar resultados en el mundo real.

El Formulario W5 es una manera tangible de concentrar primero tu atención en las personas con quienes te quieres conectar. Te ayuda a imaginar: ¿Qué puede hacer que esta comunicación sea intrigante, útil y relevante? ¿Cuáles son los problemas y necesidades actuales? ¿Cómo puedo abordar esos problemas y agregar valor desde el principio para que los demás se sientan motivados a darme su valioso tiempo y atención? Una de las mejores cosas que puedes hacer para estar listo para interacciones que beneficien a todos los involucrados, es completar tu Formulario W5.

Formulario W5:
Tu mesa de dibujo para preparar interacciones intrigantes

*Si queremos conectarnos con otros, primero debemos
ganarnos la atención y el respeto.*

SAM HORN

El tiempo que tomes para completar este Formulario W5
te ayudará a preparar interacciones que sean mutuamente intrigantes.

**¿Cuál es una situación para la que quieres estar
preparado?**
¿Presentación de conferencia? ¿Reunión de equipo? ¿Entrevista de trabajo? ¿Libro? ¿Discurso de recaudación de fondos?
¿Propuesta de matrimonio? ¿Texto para página web? ¿Campaña publicitaria?

_____

_____

¿Quién es tu público objetivo?
¿Cuáles son sus edades, género, antecedentes? ¿Cuál es su
nivel de interés o resistencia? ¿Cuáles son sus problemas o necesidades insatisfechas? ¿Cuál es su estado de ánimo? (¿Impacientes? ¿Enfadados? ¿Escépticos? ¿Ansiosos? ¿Ocupados?)
Descríbelos de tal modo que puedas imaginarlos.

_____

_____

¿Dónde y cuándo tendrá lugar?

¿En la oficina de tu cliente a las 9:00 a.m.? ¿Durante una cena en un restaurante ruidoso? ¿En el boletín informativo del lunes en la mañana que envías a todos tus contactos de correo? ¿Durante un almuerzo de negocios en el salón de un hotel? ¿Por medio de una llamada internacional vía Skype, y todos van a estar en zonas diferentes?

¿Esto por qué constituirá un retorno de inversión para quienes toman las decisiones?

¿Por qué razón querrán prestarte atención? ¿Por qué considerarán que este es un uso productivo de su valioso tiempo, mente y dinero? ¿Cómo se beneficiarán de esto y producirá resultados finales para ellos?

¿Esto por qué constituirá un retorno de inversión para ti?

¿Qué cosas específicas son las que quisieras que sucedieran como resultado de esta interacción? ¿Cuáles son los posibles resultados o acciones que harían de este un éxito tangible para ti, tu prioridad y tu empresa?

PARTE I

INTRIGUE

I = INTRODUCCIÓN

Inicia con una INTRODUCCIÓN que cautive a los demás desde el saludo

Solo le temo a una cosa y es a ser aburrida.
ACTRIZ GRETA GARBO

Garbo no es la única que le teme a ser aburrida.

En la actualidad, la gente es impaciente, su reloj interno comienza a correr cuando tú empiezas a hablar.

Se preguntan: "¿será aburrido, arrullador o pesado?".

Si, durante el primer minuto (o la primera página) no ven o escuchan algo que gane su atención favorable, en su mente sonará un "SIGUIENTE" y dedicarán su atención a otra cosa.

En esta sección, descubrirás una variedad de formas para crear introducciones que cautiven a las personas desde el saludo.

Mantén frente a ti tu Formulario W5 mientras lees estos capítulos, así podrás pensar en cuál de estas introducciones captará el interés de los demás y los motivará a dejar a un lado lo que estén haciendo para darte la prioridad a ti.

CAPÍTULO 1

Pregunta "¿sabías que...?" Preguntas

No es exagerado decir que tu destino
depende de la impresión que causas.
REPORTERA DE TELEVISIÓN BARBARA WALTERS

¿NO CREES QUE es dantesco pensar que el destino de algo que consideras importante depende de tu capacidad de crear una impresión favorable en el primer minuto?

Así es como Kathleen Callendar, fundadora de Pharma-Jet, se sintió cuando me dijo: "tengo buenas y malas noticias: Springboard Enterprises me está dando la oportunidad de presentar mi propuesta ante un salón lleno de inversionistas en el Paley Center de la ciudad de New York".

Yo le dije: "esas son buenas noticias. Springboard ha ayudado a mujeres empresarias como Robin Chase de ZipCar para que reciban más de $6.4 billones de dólares en financiamiento. ¿Cuál es la mala noticia?".

"Me presento a las 2:30 y solo tengo diez minutos. No puedes decir nada en diez minutos. ¿Cómo puedo explicar las capacidades de nuestro equipo, las pruebas clínicas y las proyecciones financieras en diez minutos?".

"Kathleen, no tienes diez minutos. Estos inversionistas van a escuchar otros dieciséis discursos. Solo tienes sesenta segundos para destacar te entre las muchas palabras de la tarde y ganar su atención".

Esta es la presentación que creamos, y que no solo ayudó a Kathleen a ganar inversionistas y financiamiento, le ayudó a

23

ser nombrada como una de las empresarias sociales más prometedoras del año 2010 en *Business Week*. [3]

> *¿Sabían que cada año se aplican 1,8 billones de vacunas?*
>
> *¿Sabían que la mitad de esas vacunas se aplican con agujas reutilizadas?*
>
> *¿Sabían que estamos diseminando y perpetuando las mismas enfermedades que estamos tratando de prevenir?*
>
> *Imaginen si existiera una aguja que no generara dolor, que fuera desechable y a una fracción del costo actual.*
>
> *No tienen que imaginarla, de hecho, ya la creamos. Se llama PharmaJet. Como este artículo lo revela....*

Y en este punto ella ya había despegado e iba en ascenso. ¿Estás intrigado? Así lo estaban todos en ese salón.

Pongámoslo en perspectiva. El equipo de PharmaJet solía iniciar sus presentaciones explicando que eran una "plataforma para un dispositivo de suministro de medicinas para inyecciones subcutáneas".

Ufff. Esa presentación habría hecho *perder* público con el saludo. Pero así es como muchas personas inician sus comunicaciones, con explicaciones llenas de palabrería que llevan a su audiencia a pensar "bah" o "¿de qué está hablando?", concluyendo así que "esto es pesado", y desviando su atención a algo más entretenido o urgente. Kathleeen tenía una ventaja competitiva, porque, después de un minuto, ya todos estaban interesados y ansiosos por saber más.

¿De qué otra forma se puede usar la introducción "¿sabías que...?"

No puedes darle a nadie una inyección de creatividad. Lo que
debes hacer es crear un entorno para la curiosidad.
SIR KEN ROBINSON, ORADOR TED CLASIFICADO COMO #1

En caso de que te preguntes si puedes usar esta introducción en Internet o en impresos, así como personalmente, la respuesta es un resonante sí. De hecho, puedes optar por seguir el ejemplo de Sean Keener. Sean y si equipo BostonAll utilizó una introducción "¿Sabías qué?" en un video de sesenta segundos publicado en su página de Internet. Él me dice que esto ayudó a que su nuevo producto, Indie, fuera un éxito instantáneo. Su presentación comienza con:

¿Sabías que antes necesitabas los servicios de un agente de viajes para reservar un viaje a varias ciudades con cinco escalas?

¿Sabías que antes se requerían 48 horas para reservar un viaje de cinco escalas?

¿Sabías que antes se necesitaban hasta cinco días para recibir una cotización de precio para un viaje de cinco escalas?

Imagina que, por primera vez, tú mismo pudieras planear y reservar un viaje de cinco escalas, sin ni siquiera tener que usar los servicios de un agente de viajes.

Imagina que pudieras obtener tus propias cotizaciones de precios para un viaje de varias escalas.

Imagina que pudieras hacer todo lo anterior en menos de una hora.

No tienes que imaginarlo, ya lo hemos creado. Se llama Indie. **4**

¿Estás intrigado? Así también lo han estado miles de personas que al ver el video quedaron tan intrigadas que pulsaron el enlace para conocer más.

¿Estás listo para un ejemplo de cómo se puede usar esta entrada en un impreso? Imagina que estás escribiendo un libro electrónico sobre cómo obtener un empleo en el duro mundo laboral de hoy. Podrías comenzar con esta introducción:

¿sabías que...

- De los 3,6 millones de ofertas de trabajo del año 2012, el 80% nunca se promocionó?
- ¿En promedio, 118 personas se presentan para determinado empleo y solo el 20% obtiene una entrevista?
- ¿En los Estados Unidos, en el año 2013 el 53,6% de las personas menores de veinticinco años con títulos universitarios estaban desempleadas o subempleadas? [5]

Imagina que pudieras:

- Encontrar empleos de calidad que nunca fueron promocionados.
- Aumentar dramáticamente tu probabilidad de obtener una entrevista esta semana.
- Aprender diez nuevas formas comprobadas de sobresalir en el súper-competido mercado laboral.

No tienes que imaginarlo. Este libro electrónico de sesenta páginas comparte historias de éxito reales de personas que encontraron empleo en tres meses como resultado de poner en práctica estas técnicas. De hecho, ...

No te parece más interesante que la mayoría de introducciones que usan el principio "diles lo que les vas a decir", y que te dejan pensando "estás insultando mi inteligencia. ¡Solo ve al grano!". Y en caso de que te llame la atención, las estadísticas mencionadas en este ejemplo de libro electrónico son reales. Un miembro del equipo de la agencia INTRIGUE los encontró en menos de cinco minutos con solo GSeT (googlear sobre el tema).

Tres pasos para crear una introducción tipo "¿Sabías que...?" Introducción

En algún lugar, algo increíble está a la espera de ser descubierto.

Astrónomo Carl Sagan

Por favor toma tu Formulario W5 para que puedas desarrollar una entrada que presente algo que no sepan las personas a cargo de tomar decisiones a quienes quieres llegar, de modo que puedas cautivarlas desde el comienzo.

Paso 1: Comienza con tres preguntas "¿sabías que...?" que sean sorprendentes y relevantes

Presenta tres elementos que sean desconocidos para aquellas personas en tu audiencia encargadas de tomar decisiones, pero que les gustaría conocer respecto a:

* El alcance del problema que estás resolviendo
* La urgencia del tema que estás abordando
* El cambio dramático en la tendencia que estás discutiendo
* La necesidad no satisfecha que estás atendiendo

Asegúrate de citar fuentes de buena reputación, (por ejemplo, el *Wall Street Journal, Forbes*) para así añadir peso, de modo que las personas sepan que no estás inventando cifras. No hagas generalizaciones vagas o exageradas, (por ejemplo, "millones de personas allá afuera están sin empleo" o "el desempleo es rampante"). Encuentra exactamente cuántas personas están desempleadas en ese mes, así las personas confiarán en tu información y podrán confiar que estás diciendo la verdad.

Estás pensando: *¿dónde puedo encontrar estos datos, expertos y estadísticas verificables?* GSeT - googlea sobre el tema. Usa tu motor de búsqueda favorito para preguntar:

- Estadísticas sorprendentes sobre _____ (tu materia)
- Investigaciones recientes acerca de _____ (tu tema)
- ¿Quién es un experto en _____ (tu asunto)?
- Artículos más populares acerca de _____ (tu problema)
- Tendencias cambiantes acerca de _____ (tu mercado objetivo)
- ¿Cuáles son las mejores páginas de Internet o blogs sobre _____ (tu causa o industria)?

En pocos minutos, puedes descubrir que un reconocido investigador acaba de publicar información que demuestra que el problema que estás abordando está creciendo exponencialmente y tiene consecuencias más drásticas de lo esperado.

Puedes encontrar un estudio que indica que, cada año, tu población objetivo está dedicando un creciente porcentaje de sus ingresos para adquirir *tu* tipo de producto, y que puedes lograr grandes utilidades.

La meta es llegar con datos reales y sorprendentes que lleven a tu público a pensar: "¿de verdad? ¡Esas son buenas noticias para mí!", y que afecten el uso del dinero, el tiempo, la seguridad, la comodidad, la salud, el desempeño, los riesgos o las reglas del campo o tema sobre el cual estás trabajando.

Pon esos datos en tres preguntas "¿sabías que...?" que sean de una sola oración. ¿Por qué solo tres? Hay quienes creen que, entre más evidencia presenten, tienen más probabilidades de obtener un sí, pero esto es falso.

Una de las historias de portada de la revista *Newsweek*, de mayo 7 de 2011, se tituló *Brain Freeze* (*cerebro congelado*) e indicaba que el presentar demasiada información termina siendo contraproducente, porque las personas se desconectan ante demasiada información.[6] No pueden aceptar algo que no pueden comprender. Es mucho más efectivo elegir cuidadosamente los tres aspectos más impactantes y hacerlos lo más concisos posibles, de modo que las personas puedan entenderlos tan pronto los escuchen.

Paso 2: Usa la palabra imagina junto con tres atributos de la solución que propones, planteados como "¿quién no quisiera que...?"

La palabra *imagina* saca a las personas de sus preocupaciones y les ayuda a procesar de forma activa lo que estás diciendo, en lugar de escucharlo pasivamente. Ya no están distantes. Están completamente concentradas en ti en lugar de pensar distraídamente en los OANIs (objetos acumulados no identificados) que tienen sobre sus escritorios.

¿Cómo puedes llegar a los tres atributos "quién no quisiera que..."? Recuerda a Kathleen Callendar y PharmaJet. ¿En qué se interesaban las personas en capacidad de decisión a quienes ella se estaba dirigiendo? En esas agujas reutilizadas, así que hicimos énfasis en que fueran de "un solo uso". A nadie le gustan las inyecciones dolorosas, así que aclaramos que eran "sin dolor". Quienes toman las decisiones siempre están interesados en el dinero, así que indicamos que su propuesta era "una fracción del costo actual". ¿Ves cómo decantamos su solución hasta lograr un escenario ideal para evocar una respuesta del tipo "¿quién no quisiera eso?"? Esa es tu meta.

Paso 3: Transición con "no tienes que imaginarlo, ya lo hemos creado. De hecho..."

Indica precedentes y evidencias para que ellos sepan que esto no es especulativo ni un castillo en el aire, sino que es algo real y que tú y tu equipo están listos para ponerlo a disposición. Comparte un testimonio de un cliente identificable que valide tu trabajo. Presenta un artículo que informe tus resultados. Menciona un punto de referencia que demuestre que lo que sugieres no es un riesgo no comprobado. Ya se ha hecho antes y de manera exitosa.

Una última razón por la cual la introducción "¿Sabías que...?" es muy efectiva: Todo lo anterior se puede resumir en un excepcional y bienvenido minuto. Los demás comunicadores, después de un minuto, todavía están diciéndole a su público qué les van a decir; en cambio, tú ya has captado su atención y respeto, de modo que están ansiosos por saber más.

Espero que pruebes esta introducción para tu próxima presentación de gran importancia. Ha hecho una gran diferencia para muchos de mis clientes, y sé que te puede ser útil para establecer conexiones en tiempo récord con aquellas personas en capacidad de decisión.

Preguntas de acción:
has preguntas del tipo "¿sabías que...?"

¿Lo que estás haciendo hoy lo haces porque funciona
o porque lo estabas haciendo ayer?
PHIL MCGRAW, PRESENTADOR DE TELEVISIÓN

1. ¿En qué situación se encuentra tu Formulario W5? En lugar de decirles a los demás lo que les vas a decir, ¿cómo puedes comenzar haciendo una pregunta del tipo "¿sabías que...?"?

2. ¿Cómo puedes usar la palabra *imagina* para ayudar a los demás a identificar tu escenario ideal y extraer tres aspectos de la solución que propones hasta llegar a una reacción que diga "¿quién no quisiera eso?"?

3. ¿Cómo vas a conectar lo anterior con "no tienes que imaginarlo..." y presentar evidencia real, de modo que las personas en capacidad de decisión sepan que es algo cierto y disponible, en lugar de ser demasiado bueno como para ser cierto?

CAPÍTULO 2

Muéstrales el pez

*Muchas veces las personas no saben qué es
lo que quieren hasta que se los muestras.*
STEVE JOBS, EMPRESARIO

JOBS TENÍA RAZÓN. Las personas no saben a menos que se los muestres. A esto es a lo que me refiero: ¿Alguna vez leíste el libro, o viste la película Tiburón? ¿Conoces la historia detrás de su icónica portada? El presidente de Bantam Books, Oscar Dystel, rechazó la portada original, porque solo mostraba la palabra Tiburón en letras blancas y un fondo negro. Dystel temía que los lectores pensaran que se tratara de un dentista. Le ordenó a su equipo de diseño que volvieran a la mesa de dibujo y les advirtió: "quiero ver ese pez".

El diseñador volvió con la famosa imagen de una mujer nadando en el océano, ignorando que debajo de ella hay un tiburón al acecho. Esa llamativa imagen resultó ser tan popular que el estudio de producción de la película pidió usarla para el póster de la cinta. Pueden haber pasado muchos años desde que viste por primera vez esa portada, pero apuesto que todavía la puedes imaginar en tu mente.

Ese es el poder que hay en convertir tu idea en una imagen que cuenta una historia. No solo tiene mayor potencial para capturar la atención de las personas, sino que también le da a tu idea un poder de permanencia. ¿Será que Tiburón habría logrado recaudar más de $470 millones y llegar a ser una de las "diez películas más exitosas de todos los tiempos" sin la memorable portada que contaba la historia con solo un vistazo? No lo creo.

Expresa el problema, así querrán tu solución

Cuando promociones extinguidores para incendios, comienza con el incendio.
DAVID OGILVY, LEYENDA DE LA PUBLICIDAD

La empresaria Cari Carter comprendió la importancia de "mostrarles el pez" a las personas. Cari se encontraba participando en una competencia llamada "El tanque del delfín" (una versión más amigable y compasiva del programa de televisión *Shark Tank* o *The Dragon's Den* en el que empresarios hacían presentaciones de sus productos ante un panel de inversionistas con el fin de obtener financiamiento).

Siendo uno de los jueces, tuve la oportunidad de revisar por anticipado el plan de negocio de Cari. Ella había creado un gancho llamado Cargo, el cual se usaba para colgar tu cartera en el automóvil. Yo pensé: *¿¡es esto cierto?! ¿Estas construyendo una empresa en torno a un gancho que sostiene una cartera?*

Sin embargo, desde el primer minuto, Cari nos intrigó a todos. Llevó hasta el frente del salón una silla de automóvil real, la puso en el piso a su lado y puso un bolso sobre ella. Se puso de pie frente al grupo, hizo un movimiento imaginario como si estuviera sosteniendo un volante con sus manos y comenzó a "conducir" mientras decía:

¿Alguna vez han estado conduciendo y han tenido que DETENERSE de repente?

Su cartera sale despedida de la silla del pasajero y su teléfono celular se sale de la cartera. ¿Empiezan a escarbar por el piso, tratando de recuperarlo, mientras que al mismo tiempo siguen conduciendo? Imaginen nunca tener que volver a preocuparse por eso. Imaginen tener un gancho que...

En este punto, un hombre se puso de pie y dijo: "quiero *dos*. Uno para mi esposa y uno para mi hija".

¡Vaya! En solo sesenta segundos, Cari pasó de un escéptico "¡¿es en serio?!" a un entusiasta "quiero *dos*". Ese es el poder de mostrar y preguntar. Cari hizo varias cosas inteligentes que le ayudaron a cautivar y mantener la atención de todos.

1. Usó un apoyo para ayudarnos a ver lo que estaba diciendo

Sin duda, no fue fácil cargar esa silla de automóvil hasta el Centro de Convenciones de Long Beach. Aun así, valió la pena porque creó curiosidad. Todos nos preguntábamos *¿Qué vas a hacer con eso?* En lugar de ser otra "cabeza parlante", Cari ya tenía nuestra atención *desde antes* de que dijera "hola".

2. Ella "nos hizo mirar"

Nuestra atención está donde están nuestros ojos. Si no estamos mirando a un orador, tampoco lo estamos escuchando. Cari nos dio algo interesante para ver, así que nos concentramos en ella en lugar de mirar nuestros dispositivos electrónicos.

3. Ella abrió con el "incendio"

En lugar de describir su proyecto de emprendimiento, demostró un "incendio" (una situación en la que las cosas salían mal), lo cual nos hizo querer su "extinguidor de incendios" (su solución para esa situación). Nos hizo recordar alguna ocasión en la que eso nos sucedió a nosotros o a un ser querido, y voluntariamente decidimos que queríamos su producto, para así evitar que nos volviera a suceder.

No muestres diciendo, muestra y pregunta

Creo que, si les muestras a las personas los problemas y les muestras las soluciones, se sentirán impulsadas a actuar.
BILL GATES, FILÁNTROPO.

Muchos crecimos "mostrando y diciendo" en la escuela básica. Una de las premisas de INTRIGE es esta: "es más inteligente preguntar qué decir. Y es aún más inteligente, 'mostrar y preguntar'". ¿Por qué? Involucra verbal y visualmente a tu audiencia.

El siguiente es otro ejemplo de cómo el "mostrar y preguntar" puede ayudarte a ganar compradores.

Me encontraba trabajando con un cliente que había creado un "agregador de facturas". ¿Un qué? Sí, exactamente. Siempre que hablas con alguien acerca de tu producto y creas confusión, es mejor que cambies tu descripción por una demostración. Así es como mi cliente inició su presentación. Llevó una maleta de mano al frente del salón y hurgó dentro de la misma mientras preguntaba:

¿Alguna vez has regresado a casa después de un viaje de negocios y has tratado de rastrear tus facturas sin poder encontrarlas por ninguna parte?

¿O has encontrado trozos de papel arrugados como estos (sacando recibos enrollados y con manchas de líquidos), pero no has podido entenderlos?

¿Has revisado todos los bolsillos de tu equipaje para finalmente entender que te hacen falta las facturas de tus gastos más altos?

¿Sabías que el 67% de viajeros afirman no haber solicitado reembolso de gastos de viaje porque no han podido encontrar sus facturas?

¿No sería genial nunca tener que volver a preocuparse por eso?

Imaginen....

¿Ves cómo funciona? A la mitad de su introducción, la gente ya se estaba riendo, porque se identificaban con lo que estaba diciendo. El hacer preguntas tipo "¿alguna vez has...?" o "¿te ha sucedido que...?" o "¿no sería genial que...?", mientras representas una situación frustrante, es una forma efectiva de lograr compras, porque las personas piensan: *eso me ha sucedido, yo he hecho eso, no quiero volver a hacerlo.* Puedes saber que has creado conexión cuando te dicen: "¡eso me sucedió precisamente ayer!" o "¡me estás hablando a *mí*!!

"Mostrar y preguntar" hace subir cejas

Lo mejor que puedes hacer es sorprenderte tú mismo.
STEVE MARTIN, COMEDIANTE

Hay otra razón por la cual "mostrar y preguntar" es tan efectivo: hace que las personas levanten las cejas.

¿Qué es eso de levantar las cejas? Es una forma tangible de probar si lo que estás diciendo está penetrando a través de las preocupaciones de la gente y capturando su atención favorable.

Inténtalo ahora mismo. Imagina que alguien te está explicando lo que hace, pero lo que dice no tiene ningún sentido. Frunce el ceño. ¿Te sientes frustrado, confundido? Eso significa que no entiendes lo que te están diciendo. Y si eso es lo que sucede, la persona que está hablando no logrará obtener lo que desea porque *las personas confundidas no dicen sí.*

Ahora, mantén tus cejas en posición neutra. Si tus cejas no se mueven, eso quiere decir que *no* te has visto afectado. Lo que estás oyendo no está teniendo ningún impacto, no está penetrando.

Ahora, *levanta* las cejas. ¿Te sientes atraído, intrigado? ¿Cómo si quisieras conocer más? Eso quiere decir que lo que estás escuchando acaba de llegar a la puerta de tu mente.

A partir de ahora, tu meta es hacer que las cejas de los demás se levanten durante el primer minuto de tus interacciones. Esa es una clara señal de que has generado curiosidad (por ejemplo, quieren saber más) *y* es una muestra de que has ganado su atención favorable.

Muéstrales el rostro

Tenían mi curiosidad, pero ahora tienen mi atención.
Personaje de Leonardo DiCaprio en la película de
Quentin Tarantino Django Desencadenado

Fui contratada para ayudar a un ejecutivo de tecnología informática en su preparación para la reunión anual de todo su departamento. Después que me mostró sus diapositivas, le pregunté: "¿cómo quieres que se sientan tus empleados?" Él parpadeó. Parpadeó otra vez. "*¿Sientan?*".

"Sí, sientan".

"Hmm, creo que quiero que se sientan orgullosos. Este año superamos todas nuestras cifras".

"¿Qué más?"

"Bueno, emocionados. Durante el primer trimestre, logramos el lanzamiento de un nuevo producto y alcanzamos algunas metas muy ambiciosas".

"¿Crees que te agradaría incluir algunas fotos de personas en tus diapositivas?".

Su presentación de Power Point contenía solo palabras, cifras y gráficos. Ni una foto de los empleados responsables de superar esas cuotas o alcanzar esas metas.

Él adoptó la sugerencia con rapidez y le pidió al fotógrafo de la compañía que recorriera sus oficinas y tomara fotos de los miembros del equipo que habían contribuido para logar un año tan sobresaliente. La siguiente semana volvió a contactarme y me dijo: "debiste haber visto lo que sucedió. La gente aplaudía cuando veían a sus compañeros de trabajo en la pantalla, y todos se chocaban las manos entre sí al salir del salón".

Ese es el poder de *mostrar el rostro* y no imágenes genéricas tomadas de la Internet. ¿Por qué no (con su permiso)?:

* ¿Honrar a tus empleados mostrándoles sus fotos en tu reunión anual?
* ¿O mostrar a tus clientes, presentando sus rostros en tu página web?
* ¿O terminar tu convención anual con un tono alto mostrando un montaje de participantes alegres, de tal forma que puedan celebrarse unos a otros, así como las actividades en las que participaron?
* ¿Hacer que tu boletín informativo sea intrigante mostrando fotografías espontáneas de los miembros de tu equipo?

El director de cine Irvin Kershner (de la trilogía de Guerra de las galaxias) dijo: "no hay nada más interesante que el paisaje del rostro humano". Eso es especialmente cierto cuando las personas conocen el rostro de la persona en la fotografía. Si quieres la atención favorable de las personas, no te limites a compartir datos, comparte rostros.

¿Quieres conocer más métodos para intrigar a los demás y hacer que levanten sus cejas? Nuestro próximo capítulo presenta maneras para darte tú mismo una ventaja competitiva cuando estés compitiendo por la atención de alguien.

Preguntas de acción: muéstrales el pez

Dime y lo olvidaré. Muéstrame y lo recordaré.
Involúcrame y lo entenderé.
CONFUCIO

1. Mira tu Formulario W5. ¿Cómo les vas a mostrar el pez? ¿Cómo vas a convertir tu idea en una imagen, de tal forma que los demás vean lo que estás diciendo?

2. ¿Cómo puedes usar ayudas para representar tu problema, de tal forma que las personas quieran tu solución? ¿Cómo puedes demostrar tu producto de tal forma que los demás sean testigos del valor de lo que estás ofreciendo?

3. ¿Cómo podrías mostrar y preguntar? ¿Qué preguntas del tipo "¿Alguna vez has...?" o "¿Te ha sucedido que...?" podrías representar para poner a las personas en una situación que deseen tu producto?

4. ¿Cómo puedes honrar a tus empleados, miembros de equipo y clientes, presentando sus rostros, con su permiso, en tus comunicaciones, de modo que sean más reales y generen sentimientos en los demás?

CAPÍTULO 3

Comparte lo que no es común

Cualquiera que espere el reconocimiento
es criminalmente ingenuo.

CONGRESISTA BARBARA JORDAN

MUCHAS PERSONAS SON *demasiado* humildes al
tratar de captar la atención de quienes están a cargo de tomar
decisiones. La humildad es un rasgo apreciable, pero, llevada
al extremo, puede convertirse en tu talón de Aquiles. Comprende que las comunicaciones ejecutivas son una competencia por la atención de tus clientes. No puedes darte el lujo
de ser sutil y esperar que ellos reconozcan tu valor. Eso es ser
ingenuo, idealista, demasiado pasivo.

De ti depende compartir lo que no es común, de tal forma
que seas notorio a las personas clave. Tu habilidad para hacerlo
puede forjar o acabar con tu carrera.

Mi hijo Tom es un excelente ejemplo de cómo el asumir la
responsabilidad de presentar algo poco común, puede ayudarte a obtener el empleo que sueñas. Tom y su hermano crecieron en Maui, Hawai. Una noche estrellada salimos a nuestro
acostumbrado paseo de caminar y rodar. ¿Qué es caminar y
rodar? Yo caminaba por las silenciosas calles de nuestro vecindario mientras ellos iban a mi lado en sus monopatines o bicicletas. Le pregunté a Tom: "¿qué quieres ser cuando crezcas?".

Tom señaló al cielo y dijo, "algo que tenga que ver con lo
que hay allá arriba".

No habríamos podido predecir que Tom algún día se graduaría de Virginia Tech con un título en ingeniería aeroespacial, física, astronomía y matemática. Basta decir que yo no le ayudé con su tarea. Varias semanas antes de su graduación, Tom revisó la cartelera de empleos de Virginia Tech y apenas pudo creer lo que veía. Había una vacante en las instalaciones de Control de Misión de la NASA en el Centro Espacial Johnson. ¿Recuerdas la película *Apolo 13* con el personaje de Tom Hanks diciendo: "Houston, tenemos un problema"? Sí, *ese* control de misión.

Ansioso, Tom completó la aplicación y me pidió que le diera una mirada. Era impresionante, pero no había mencionado uno de los logros que a mi parecer podían ayudar a que su solicitud sobresaliera. Le pregunté: "¿Tom, por qué no mencionaste que tú y tu equipo de la universidad ganaron la competencia internacional para planificar una misión tripulada a Marte?".

Adivina qué dijo Tom. *"Pero mamá, eso sería alardear"*.

¡Ahhhhggg! Le dije, "Tom, no estás alardeando. Ponte en la posición de quienes toman la decisión sobre contratarte o no. Ellos van a recibir cientos de solicitudes, *y todas se van a parecer entre sí*. Todos tienen un sobresaliente promedio de calificaciones, diferentes especializaciones y actividades extracurriculares. Debes encontrar de qué forma eres *diferente* a todos los demás. Si has logrado algo que pocos pueden tener en su hoja de vida, ese puede ser el punto que te destaque por encima del montón y que los motive a llamarte para una entrevista".

Tom incluyó ese premio, obtuvo una entrevista y obtuvo el empleo. Ahora, todos los días él se levanta para ir al trabajo como controlador de vuelo, trabajando con astronautas y la Estación Espacial Internacional. Al menos, parte de la razón por la cual Tom obtuvo el empleo de sus sueños fue porque presentó capacidades no comunes que le ayudaron a diferenciarse en lugar de quedar mezclado entre ese montón de hojas de vida.

¿Cuál es tu ventaja competitiva?

Si no tienes una ventaja competitiva, no compitas.

JACK WELCH, EXDIRECTOR EJECUTIVO DE GM

¿Tienes alguna situación cerca en la que vas a postularte para un empleo, un nuevo cargo o un contrato? ¿Qué aspecto poco común puedes presentar? ¿Qué puede ayudarte a sobresalir del montón?

* ¿En dónde has servido desempeñando alguna posición de liderazgo, dirigiendo a otros para alcanzar una meta sobresaliente y medible en un lapso de tiempo específico?

* ¿Dónde has iniciado una idea o proyecto vanguardista que haya añadido valor a una organización, industria o comunidad?

* ¿Qué premios o reconocimientos has recibido por tu carácter, servicio a la comunidad, esfuerzos como voluntario o contribuciones a otros?

* ¿Hay cosas poco comunes en tu vida privada que pudieran ser un buen iniciador de conversaciones? ¿Has servido como guía en un museo, surfeas con cometa, o sirves como comentario en la sociedad humana?

Si le estás pidiendo a alguien que invierta dinero en ti (y eso es lo que se hace cuando compites por un empleo, una cuenta o un contrato), asegúrate de indicar cómo vas a ganar dinero para ellos.

Has escuchado la frase, "si no lo puedes medir, no lo puedes administrar". Bueno, si no das evidencias de los resultados medibles que has producido para otros, ¿cómo pueden los que toman las decisiones confiar en que entregarás resultados medibles para ellos?

Si respaldas lo que afirmas con ejemplos específicos de en qué puntos has ahorrado, administrado o generado ingresos para tus antiguos empleadores, patrocinadores e inversionistas, tendrás una ventaja competitiva, porque muchos de los que se postulan a un empleo dan una lista de compras de su experiencia laboral, pero nunca respaldan lo que dicen con indicadores.

Si es obvio, no es intrigante

Le dije a mi médico, "me fracturé la pierna en dos partes".
Él me dijo, "deja de ir a esas partes".
Henny Youngman, comediante

Un contador del centro de California me dijo: "entiendo que es importante compartir lo que no es común, solo que no sé yo qué puedo tener de raro. Estoy compitiendo con empresas de mayor experiencia para ganar la cuenta del mayor terrateniente de nuestra área, y mis credenciales no están a la altura de las de ellos".

Si tus competidores son compañías nacionales con clientes muy reconocidos y no puedes competir con eso, *no vayas por ese lado*. Ir frente a frente con la fuerza de un competidor es una batalla perdida.

En lugar de esto, haz énfasis en que eres un taller pequeño sin capas y capas de burocracia, de modo que tu cliente puede contar con tu *agilidad*. Si los competidores tienen sus oficinas principales en la Costa Este, haz énfasis en que eres una 8A (una empresa de propiedad y bajo la dirección de una mujer) y que eres muy activa en la comunidad. Quizás no puedas competir con sus oficinas en veinte estados, pero ellos no pueden competir con el hecho de que fuiste presidente de la Cámara de Comercio local y que conoces a todos los propietarios de empresas de tu ciudad.

¿Cuál es tu ventaja de uniformidad?

Cuando estás rodeado de personas que comparten un compromiso apasionado en torno al mismo objetivo, cualquier cosa puede ser posible.

HOWARD SCHULTZ, FUNDADOR DE STARBUCKS

A veces, la mejor forma de levantar cejas es no concentrarse en lo que te diferencia de tus competidores, sino en lo que tienes en común con quienes han de tomar las decisiones. Eso es exactamente lo que Leslie Charles hizo al prepararse para una conferencia de escritores. Leslie me dijo que quería ser representada por Patti Breitman, quien había sido la agente de John Gray (*Los hombres son de marte y las mujeres son de Venus*) y a Richard Carlson (*Don't Sweat the Small Stuff*).

Le pregunté, "¿Por qué Patti se sentiría intrigada por tu libro?".

"Bueno, en la actualidad la gente se encuentra bajo mucha presión; tienden a desahogar su estrés entre sí. Mi libro presenta formas prácticas y proactivas para lidiar con la ira".

"Eso es bueno, Leslie. Ahora la pregunta es, ¿por qué Pattie elegiría representarte?, porque ella tiene una lista llena y en realidad no está buscando clientes nuevos".

Leslie me miró y dijo: "no estoy muy segura de cómo responder a eso".

"Muchos autores piensan que la clave para lograr un trato es escribir un libro de calidad. Eso es importante, pero allá afuera hay muchos libros de calidad que nadie compra. Los agentes trabajan "bajo especulación". Ellos no ganan dinero a menos que tu libro genere ventas. Debes mostrar cómo vas a generar ventas por medio de un ambicioso plan de mercadeo, y sería una buena idea presentar algún interés que Patti y tu compartan".

"¿Quieres decir que no importa que haya creado un manuscrito de muy buena calidad que ayudará a muchas personas?".

"Claro que sí es importante, solo que puede no haber sido suficiente". Yo sabía que Leslie practicaba la doma clásica (una práctica especializada de la equitación) así que le sugerí, "añade a tu biografía que practicas la doma clásica".

Leslie me miró confundida, "pero eso no tiene nada que ver con mi libro".

Yo sonreí, "lo sé, pero Patti practica la doma clásica".

Patti y Leslie tuvieron una excelente reunión, establecieron una conexión sobre su interés común en la doma clásica, y terminaron trabajando juntas. ¿Cuál es la moraleja de la historia? Esta era la primera vez que Leslie escribía un libro. Patti era la agente de escritores de mayor demanda en el mundo en ese momento. Lo que atrajo la atención de Patti no fue solo el potencial del proyecto de Leslie, sino el hecho de que compartieran una pasión.

Calidad, talento y el valor potencial son importantes. Pero es posible que tu proyecto nunca vea la luz del día a menos que en el primer minuto o página presentes algo que te dé:

1. *Una ventaja competitiva* porque es *diferente* a todo lo demás que han visto quienes están a cargo de las decisiones

2. *Una ventaja en común* porque es *algo* que les interesa a quienes han de tomar las decisiones.

3. Cualquiera puede ayudarte a lograr que acepten tu propuesta y ganar la competencia por la atención de las personas que decidirán.

Preguntas de acción:
comparte lo que no es común

No es suficiente con que te perciban como el mejor en lo que haces, debes ser considerado como el único que hace lo que haces.
JERRY GARCÍA DE LA BANDA DE ROCK GRATEFUL DEAD

1. Hora de revisar tu Formulario W5. ¿Qué aspecto poco común puedes presentar, que pueda darte una ventaja competitiva? ¿Qué credenciales interesantes pueden captar la atención de aquellos que toman las decisiones en tu público objetivo? ¿En qué aspectos eres el mejor en lo que haces o el único que hace lo que haces?

2. ¿Qué logros o experiencias pueden presentar pocos de tus competidores? ¿Cómo vas a sustentar lo que afirmas con nombres y números, de tal forma que las personas a cargo de las decisiones puedan confiar en que es cierto?

3. ¿Qué tienes en común con los que toman las decisiones, de tal forma que puedas crear una conexión?

CAPÍTULO 4

Convierte un no en un sí

Si te ciñes a lo que sabes, te estás subestimando.
CARRIE UNDERWOOD, CANTANTE

SI TE CIÑES a lo que sabes... vas a obtener un NO. En lugar de esto, pregúntate: "¿por qué las personas a cargo de las decisiones me dirían no?", y dilo tú *primero*. El siguiente es un ejemplo de alguien que lo hizo de forma brillante.

Hace varios años fui a la conferencia Business Innovación Factory (BIF), en Providence, Rhode Island. Fueron dos días emocionantes con innovadores de vanguardia provenientes de todo el mundo, incluyendo Tony Hsieh de Zappos y Alan Webber de Fast Company.

La oradora más impresionante fue una sorpresa. Pasó al centro del escenario y esperó hasta tener la atención de todos. Luego, con una gran sonrisa, se inclinó hacia el grupo y dijo: "sé lo que están pensando. ¿Qué puede una joven de trece años enseñarme sobre innovación?".

Hizo una pausa y con un brillo en sus ojos dijo: "nosotros los de trece años conocemos una o dos cosas... tales como, darle vuelta a nuestro cabello". En treinta segundos, Cassandra Linn los tenía a todos de su lado.

¿Por qué? Porque había leído la mente de su público y entendido que esos líderes mundiales de pensamiento podrían ser un poco escépticos ante la idea de que ella pudiera ofrecer algo de valor. Ella lo dijo primero, y al hacerlo, se ganó al público.

Por cierto, Cassandra siguió cautivando nuestra atención y respeto al describir cómo ella y sus compañeros de séptimo grado habían hecho una salida de campo a las alcantarillas de Providence. Ellos descubrieron que estaban completamente llenas de grasa y aceite. Así que, junto con sus compañeros de clase, fundaron TGIF - ·Turn Grease Into Fuel (convierte la grasa en combustible). Cada sábado, recolectan grasa de restaurantes y de parques industriales, la reciclan y donan el dinero que reciben a familias necesitadas. ¡Vamos, Cassandra!

¿Cómo puedes convertir la resistencia en receptividad?

> *Nunca permitas que alguien que no tiene*
> *el poder de decir sí te diga no.*
> ELEANOR ROOSEVELT, EXPRIMERA DAMA

¿Cuál es la situación que identificaste en tu Formulario W5? ¿Por qué las personas a cargo de las decisiones dirán "debes estar bromeando"? Quizás estás proponiendo un programa costoso y esperas que tu jefe piense: *no tenemos el dinero en nuestro presupuesto para esto.*

Menciona la objeción de tu jefe diciendo: quizás estás pensando que no tenemos dinero en nuestro presupuesto para esto. Si puedo tener tu atención durante los próximos tres minutos, indicaré dónde podemos encontrar ese dinero y cómo lo podremos hacer retornar después de los tres primeros meses del proyecto".

Imagina que estás sugiriendo un nuevo programa de vinculación de miembros ante la junta de tu asociación y predices que en su mente estarán cruzados de brazos porque un programa similar fracasó el año pasado.

Inicia con: "quizás estén pensando que ya intentamos esto antes y no funcionó. Tienen razón, y he identificado tres errores que cometimos la última vez y cómo evitar que sucedan en esta ocasión".

Entiende que, si no expresas las objeciones de los pesimistas, ellos no te van a escuchar, van a esperar que dejes de hablar para poder decir por qué no va a funcionar.

¿Y si los que toman las decisiones ya me han dicho no?

Las personas no pueden creerte si no saben lo que estás diciendo, y no pueden saber lo que estás diciendo si no están escuchando, y no te van a escuchar si no eres interesante.
BILL BERNBACH, PUBLICISTA

Tampoco te van a escuchar si ya te han dicho no. Si en sus mentes están pensando "*no*", nunca van a decir "*sí*" con su boca... a menos que presentes nueva evidencia que les dé razones para revisar y cambiar su decisión anterior.

Ese fue el caso con el participante de un taller en Berlín, que levantó su mano y dijo, "¿y si estamos tratando de conectarnos con alguien que ya nos ha rechazado en el pasado?".

Yo le dije, "puedes persuadir a los demás para que te den una segunda oportunidad si reconoces que ya te han rechazado antes y les haces saber que las circunstancias han cambiado y que tienes nuevas razones que quizás quieran considerar. ¿Cuál es la situación?".

"Acabamos de contratar a un jugador profesional para que entrene al equipo itinerante de fútbol de mi hijo y necesitamos recaudar fondos para su salario. Vamos a contactar a nuestra librería local, pero al propietario todo el tiempo le están pidiendo donaciones. La oferta típica de poner el nombre de la librería en nuestros uniformes no lo motiva a acceder, porque eso no le genera ventas".

"Es bueno que reconozcas que eso no es un incentivo suficiente. Abre con, '*solo puedo imaginar* que todo el tiempo le están pidiendo donaciones'. Eso le hace saber que estás teniendo empatía con lo que debe ser la presión de dar a toda buena causa que pasa por su puerta".

"¿Qué digo luego?".

"Pasa a cómo harás que esto sea una ganancia para *él*. Dile, por eso es que quiero proponerle un evento que atraiga personas a su tienda, aumente sus ventas, y le dé una buena cantidad de prensa favorable'".

Ari sonrió y dijo: "eso probablemente *haría* que se interese".

"Tienes razón. Luego dile que quisieras organizar un evento en el que tu futbolista entrenador firme su libro que ha sido un éxito en ventas el día que él elija. Endulza la propuesta diciendo que has hecho arreglos con uno de los padres de los chicos del equipo, que es fotógrafo profesional, para que tome fotos del futbolista profesional con sus clientes frente al logo por $10 cada foto. Eso hará que sea un excelente evento de financiamiento para ti y le dará más crédito mercantil, porque esas fotos permanecerán por mucho tiempo en las puertas de los refrigeradores de muchos hogares. Sigue poniéndote en el lugar de este librero. ¿Qué otra cosa podría hacer que esto le genere ganancias a él?".

Ari pensó por un momento y dijo: "ya sé. Una de las madres de los chicos del equipo es experta en redes sociales. Ella podría escribir un blog, publicar por Twitter y anunciar esto en Facebook, para que así lleguen más personas".

"Buena idea. Eso atraerá más público y generará ingresos para ambos. Ten presente que todas estas acciones benefician al librero *y* al equipo de tu hijo. Eso es lo bello de este método. Todos ganan".

Preguntas de acción:
convierte un no en un sí

Un hombre convencido contra su voluntad
seguirá manteniendo la misma opinión.
LAURENCE J. PETER, ESCRITOR

1. Mira tu Formulario W5. Si quieres que los que toman las decisiones te den una oportunidad, identifica primero por qué *no* te la darán y menciónalo primero.

2. Lee la mente del que tiene la última palabra. ¿Por qué se puede resistir? ¿Qué razones tienen concebidas en su mente? ¿Cómo puedes expresar esas objeciones de tal forma que no sean un problema?

3. ¿Has recibido una respuesta negativa en el pasado de parte de alguien a cargo de tomar decisiones finales? ¿Cómo puedes reconocer eso de inmediato con las palabras "solo puedo imaginar...", y luego ofrecer nueva evidencia sobre por qué tu solicitud será de beneficio para que así se sienta incentivados a cambiar de opinión y darte una oportunidad?

CAPÍTULO 5

Mentalízate hacia arriba, no hacia afuera

Me pongo nerviosa si no me pongo nerviosa. Creo que es saludable. Solo tienes que canalizar eso hacia el espectáculo.
BEYONCÉ, CANTANTE

UNA EMPRESARIA ME preguntó, casi en estado de pánico: "mi computadora portátil dejó de funcionar en medio de una presentación muy importante la semana pasada. Me tomó demasiado tiempo lograr que mis diapositivas volvieran a funcionar, pero para entonces ya era demasiado tarde. Ya había perdido la atención de todos y no logré recuperarla. Tengo otra presentación próximamente y me asusta que se presente otra crisis. ¿Puedes ayudarme a recuperar la confianza?".

Yo le pregunté: "¿eres atleta?".

"Si, pero, ¿qué tiene que ver esto con recuperar mi confianza?".

"Dado que has practicado deportes, tú sabes que hay dos clases de atletas cuando el resultado final está en juego. Los que retroceden y dicen: 'NO me pasen la pelota'. Y los que pasan al frente y dicen: 'dame la pelota'". La miré a los ojos y le dije, "apuesto a que tú eres de los últimos".

Ella sonrió y dijo: "tienes razón".

"Por eso, a partir de ahora, vas a ver tus presentaciones en público como un deporte, de tal forma que puedas entrar y proyectar una confianza del tipo 'dame la pelota', la cual ayudará a que te sientas, veas y actúes como una ganadora".

El primer día del abierto de tenis de los Estados Unidos, le preguntaron al campeón Chris Everet si Serena Williams tenía alguna posibilidad de ganar el torneo. Chris dijo: "todos sabemos que para ella el juego se llama confianza". Confianza es el nombre del juego para *todos* nosotros. Por fortuna, es una habilidad que se puede aprender y no una destreza misteriosa con la que nacemos o no. Estos cuatro pasos te pueden ayudar a canalizar el nerviosismo hacia el "espectáculo", de tal forma que puedas iniciar cualquier interacción con mucho entusiasmo.

Mira la comunicación como si fuera un deporte

Ella sale como si esperara ganar.
Ella mira con sentido de pertenencia.
Patrick McEnroe refiriéndose a la tenista de quince años CiCi Bellis en el abierto de tenis de los Estados Unidos en 2014

Los siguientes son los pasos que compartí con mi cliente para ayudarla a mentalizarse hacia arriba y no hacia afuera. Recuerda: te comportas de acuerdo a tus expectativas. Prepárate para comunicaciones de altas apuestas, así como lo harías para un juego de campeonato. Estos pasos te pueden ayudar a entrar con la expectativa de atraer la atención y el respeto, y sintiéndote y viéndote con pertenencia. Esto no es trivial. Después de todo, ¿cómo se puede confiar en ti si tú mismo no lo haces?

1. Sal a caminar/practica

¿Alguna vez te han dicho que practiques lo que quieres decir frente a un espejo? ¡Ese es un consejo terrible! Eso hace que te enfoques en ti, lo cual hace que estés demasiado consciente de *ti* mismo. Es más inteligente despejar tus pensamientos y moverte, de tal forma que puedas practicar la concentración de enfoque múltiple.

¿Qué es la concentración de enfoque múltiple? Gracias a ese flujo de consciencia (versus la conciencia en sí mismo) los atletas pueden permanecer concentrados mientras se adaptan a las circunstancias cambiantes.

Piénsalo. Los jugadores de béisbol deben anticipar el lanzamiento que viene y planear cómo batear, mientras miran si su compañero de equipo está robando la segunda base. Los jugadores de fútbol hacen un pase a su compañero que va corriendo mientas evitan a un defensa y verifican la posición del arquero.

¿Cómo tú, estando en una posición de comunicador, puedes lograr esta concentración de enfoque múltiple que los atletas dominan? Saliendo de detrás del escritorio y moviéndote. Un estudio de Stanford en 2014 encontró que "caminar mejora la creatividad en un promedio del 60%".[7]

Cuando ensayas mientras caminas, prestas atención al patinador y al ciclista que vienen hacia ti al tiempo que organizas lo que quieres decir. Literal y figurativamente, estás mejorando tu habilidad para pensar de pie. Estás visualizando cómo lograr que las cejas de las personas clave se suban y permanezcan así mientras te adaptas a lo que te rodea. Esa es la posición de concentración de enfoque múltiple que debes tener cuando estés haciendo tu presentación, en la entrevista para el empleo que deseas o negociando ese contrato.

2. Ten un plan de juego flexible

Nunca jamás memorices un guion ni dependas de leer en un teleprompter. Eso te desconecta de la audiencia, porque encierra tu atención en tus notas o en la pantalla. ¿Por qué tu audiencia habría de *prestarte* atención si tú no les estás prestando atención a *ellos*? Además, si algo sale mal, quedarás perdido porque estás metido en tu cabeza en lugar de estar en el momento.

La comunicación no consiste en entregar observaciones preparadas al pie de la letra. La comunicación intrigante consiste en establecer conexión con las personas, de tal modo que puedas ver que sus ojos se iluminan. Esto implica vigilar a tu audiencia para ver si están atentos, apáticos, si están entendiendo o están confundidos y, en tiempo real, adaptar lo que estás diciendo se acuerdo a sus expresiones.

3. Date la ventaja de jugar de local

¿Por qué la mayoría de equipos deportivos tienen mejores resultados cuando juegan en casa que en otra parte? Porque en nuestros entornos conocidos nos sentimos seguros y podemos relajarnos y prestar total atención a nuestro desempeño.

Ese no es el caso cuando viajamos. Tenemos una programación para "pelear o huir" cuando nos encontramos en nuevos entornos. Nos distraemos, porque estamos analizando los entornos desconocidos para ver si tenemos algún riesgo o estamos en peligro.

Es por eso que para ti es mejor familiarizarte con el entorno de tu interacción antes de que llegue "el momento de la verdad". Por ejemplo, cuando soy la oradora principal de una conferencia, siempre reviso el salón del hotel cuando no hay nadie presente (incluso la noche anterior). Paso al escenario, lanzo mi voz hasta el fondo del salón y practico mi introducción a todo volumen.

¿Por qué es esto importante? El entrenador de fútbol americano, Pop Warner, dijo: "juegas como entrenas". No puedes entrenar al 50% y esperar estar al 100% cuando sea el momento de jugar en serio. Practicar de la *forma* que quieres jugar y *donde* vas a jugar significa que ya "has estado ahí, y que ya lo has hecho antes", de modo que puedes concentrarte y canalizar toda tu atención a conectarte con tu público en lugar de sentirte incómodo.

4. Elévate, no te acobardes

Si te ves sumiso y débil, te sentirás sumiso y débil. Eso es un problema, porque las personas que toman las decisiones no respetan a los que no transmiten respeto.

Desafortunadamente, eso es lo que le pasó a la oradora que perdió a su público desde el comienzo. El programa de apretura comenzó con Jim Collins (*Good to Great*) y luego siguió con Tom Peters (*In Search of Excellence*) y Seth Godin (*Linchpin*). Todos estábamos sentados al borde de nuestros asientos.

La siguiente oradora pasó al centro del escenario (fue bueno para ella el haber salido de detrás del atril), pero luego se paró con sus pies juntos, su cabeza inclinada hacia abajo y la temida posición de manos entrelazadas frente a ella. En una voz arrulladora, dijo: "ayer les estaba diciendo a mis nietas cuánto estaba esperando este momento...".

Segundos después, los dispositivos electrónicos salieron a la vista y varias personas comenzaron a salir. Lo cual fue una pena. Una vez entró en el tema, ella tenía valiosas perspectivas que compartir acerca del papel de su empresa ayudando a víctimas del 11 de septiembre. Desafortunadamente, su postura "acobardada" hizo que la gente del público concluyera que no valía la pena escucharla, así que no se quedaron a escuchar su programa.

Si quieres cautivar y mantener la atención de las personas, debes proyectar una presencia de liderazgo que diga: "sé de qué estoy hablando. Puedes confiar en que puedo agregar valor". Esto puedes hacerlo si adoptas la postura "estoy listo para lo que sea", que es la que toman los atletas cuando están compitiendo. Quizás puedas imaginarla. Ellos tienen:

- Los pies separados al ancho de los hombros, así están balanceados y firmes.
- Las rodillas levemente flexionadas, de modo que estén flexibles y puedan moverse con facilidad en cualquier dirección.
- La cabeza y la barbilla levantados, y los ojos mirando hacia adelante
- Las manos centradas al frente, como a un pie de distancia, como si sostuvieran un balón de baloncesto.

Inténtalo ahora mismo. Ponte de pie, posiciona tus pies de tal forma que estén separados al ancho de los hombros, flexiona tus rodillas, levanta tu barbilla, toma un balón de baloncesto en las manos. Esa es la postura de elevación. Ahora, adopta la posición de acobardado que asumió la oradora que perdió a su audiencia:

- Pies juntos. ¿Te sientes desbalanceado, "mareado", como si fuera fácil empujarte?
- Las rodillas apretadas entre sí. ¿Te siente rígido, tenso, inflexible?
- Cabeza gacha. ¿Te sientes tímido, retraído, desconectado de tu audiencia?
- Manos entrelazadas frente a ti. ¿Te sientes incómodo, como si tuvieras algo que esconder?

¿Sientes la diferencia? Si eliges elevarte en lugar de acobardarte, esto te ayudará a atraer atención y respeto hacia ti. Y, en caso de que te lo estés preguntando, sí, también puedes elevarte mientras estás sentado en una entrevista, reunión o cena de negocios. Solo levanta los hombros, llévalos hacia atrás y siéntate derecho en lugar de encorvarte o hundirte en el asiento. Así es, ¿no te sientes mejor? Cuando elijas elevarte en lugar de acobardarte, te sentirás y verás más seguro, y atraerás más confianza de las personas a cargo de las decisiones.

Crea tu propio ritual de confianza

Cuando juegas bajo presión todos los días, tus rituales te mantienen completamente concentrado en lo que estás haciendo.
RAFAEL NADAL, TENISTA GANADOR DEL CAMPEONATO DE WIMBLEDON

Siempre agradeceré al dos veces campeón de Grand Slam de tenis, Rod "rocket" Laver, por haberme enseñado la importancia de mentalizarme hacía *arriba* en lugar de hacerlo hacia *afuera*, usando un ritual de confianza.

Tuve el privilegio de co-dirigir las instalaciones de tenis de Rod en Hilton Head Island, en Carolina del Sur. Un día, él tuvo la gentileza de preguntarme si quería golpear algunas pelotas. Desafortunadamente, me encontraba distraída con la logística de un campeonato nacional de tenis que estábamos organizando para la siguiente semana, así que estaba lanzando pelotas por todas partes. Fue vergonzoso. Por último, dije, "Rocket, aprecio tu invitación, pero creo que te estoy haciendo perder el tiempo. Deberíamos para aquí".

Rocket me miró y dijo: "la marca de un profesional está en su capacidad de darle la vuelta a un mal día".

"Pero, ¿cómo hacerlo?".

"Identifica la parte clave de tu juego y encuentra un ritual en torno a ella. Si el secreto de tu juego está en hacer un punto con tu primer servicio, repites 'primer servicio' y concentras en ello toda tu atención. Esto te da algo en qué concentrarte en lugar de estar mentalmente disperso".

Rocket tenía razón sobre el poder de los rituales. ¿El nombre Pavlov te suena conocido? Los rituales son el secreto para concentrar tu atención de forma automática en lo que *sí* quieres, contrario a lo que *no* quieres.

Tu meta es crear un ritual de confianza que practiques rigurosamente antes de cada comunicación de gran importancia. Si eres un orador, puedes decir: "estoy aquí para servir, no para brillar, para hacer la diferencia y no para hacerme un nombre", así te concentras en lo que es realmente importante: establecer conexiones con tu público y proporcionarles valor. Si estás en una entrevista de trabajo, podrías decir: "voy a encontrar y concentrarme en cuáles son sus necesidades y cómo puedo contribuir a su organización", en lugar de "llevo diez meses sin trabajo. Necesito este empleo".

El autor Seth Godin dice: "la ansiedad es experimentar el fracaso de forma anticipada". Si ves la comunicación como un deporte y creas un ritual de confianza, podrás mentalizarte hacia arriba en lugar de hacerlo hacia afuera, así que anticipa esa interacción en lugar de llenarte de ansiedad pudiendo poner en riesgo tu desempeño.

Preguntas de acción:
mentalízate hacia arriba, no hacia afuera

Tienes que creer en ti mismo cuando nadie más lo hace.
Eso te hace un ganador de inmediato.
VENUS WILLIAMS, TENISTA

1. Por favor toma tu Formulario W5. ¿Qué ritual de confianza vas a crear, comprometiéndote a practicarlo antes de cualquier comunicación de gran importancia, de modo que te puedas mentalizar hacia arriba y no hacia afuera?

2. ¿Cómo vas a ver estas comunicaciones como un deporte, preparándote para una próxima situación como lo harías para un juego o competencia importante? ¿Cuándo y dónde saldrás a dar una caminata para ensayar, de modo que puedas mejorar tus habilidades para pensar de pie?

3. ¿Cómo te vas a familiarizar física y mentalmente con el sitio para darte la ventaja de jugar de local? ¿Cómo te vas a elevar en lugar de acobardar, a fin de proyectar una presencia de liderazgo que diga "estoy listo para lo que sea", de tal forma que comunique atención y respeto?

PARTE II

INTRIGUE

N = NOVEDOSO

No es suficiente con que sea verdad, tiene que ser NOVEDOSO

El mundo siempre se ve más brillante
cuando haces algo que no existía antes.
NEIL GAIMAN, ESCRITOR

La premisa de esta sección es: solo porque algo sea importante no necesariamente es intrigante.

Si quieres que personas ocupadas y distraías te presten atención, es importante que, como lo indica Neil Gaiman, presentes algo novedoso, algo que "no estuviera ahí antes".

Estás pensando: bueno, eso es un problema, porque no hay nada nuevo debajo del sol.

Desde luego que sí lo hay.

De hecho, esta sección muestra una variedad de formas para producir y presentar ideas, propuestas y métodos nuevos y vanguardistas que capturen la atención favorable de los demás, no solo porque son ciertos, sino porque son nuevos.

CAPÍTULO 6

Crea la siguiente novedad

El único peligro está en no evolucionar.

JEFF BEZOS, EMPRESARIO

UNA EDICIÓN ESPECIAL doble de la revista *Vanity Fair* titulada: "cómo nació la Internet" presentaba entrevistas con personajes icónicos de la red acerca de los primeros días de la Internet. En esa edición, Jeff Bezos reveló que Amazon tuvo éxito desde el comienzo a pesar de los pesimistas que predijeron su fracaso. De hecho, no tardaron en atrasarse con órdenes, así que Jeff y su compañero ejecutivo apoyaron el trabajo de la sala de despachos para ayudar a procesarlas. Estaban de rodillas y a veces gateando, empacando libros, cuando su colega se volvió y dijo: "esto realmente está acabando con mis rodillas y mi espalda".

Jeff reflexionó sobre el asunto y dijo: "deberíamos conseguir rodilleras".

Su amigo lo miró como si estuviera loco. *"No Jeff, deberíamos conseguir mesas de empaque".*[8]

Qué gran ejemplo de cuán intrigante es cuando alguien pasa por alto la respuesta más "obvia y fácil" para presentar una más innovadora y evolucionada con el propósito de resolver un problema.

Ese es el punto de este capítulo. ¿Cómo puedes cambiar la norma para tener nuevas ideas, métodos y propuestas poco comunes, de modo que impactes en lugar de mezclarte?

Atrae la atención con métodos poco comunes

Cuando puedas hacer las cosas comunes de la vida, de una manera poco común, cautivarás la atención del mundo.
GEORGE WASHINGTON CARVER, INVENTOR

¿Estás pensando: *en teoría, estoy de acuerdo con que la gente se sienta intrigada con ideas, métodos y propuestas no convencionales, ¿pero cómo puedo tener esas ideas?*

Las siete Ps de la Interrupción son tu herramienta para alterar la norma en lo que sea que estés haciendo y crear una siguiente novedad que atraiga la atención de las personas que toman las decisiones. No importa si estás iniciando una empresa, escribiendo un blog, dirigiendo una campaña política o lanzando un producto. Si es lo mismo de siempre, ¿por qué habrían de prestar atención las personas?

El siguiente es un ejemplo de cómo alguien usó las siete Ps para crear algo original que generó conexiones de gratificación mutua para todos los involucrados.

¿Cómo las siete Ps de la interrupción pueden ayudarte a crear una nueva norma?

Debes ser original. Si eres como todos los demás, ¿para qué te van a necesitar?
BERNADETTE PETERS, ACTRIZ

El director de la división de cuidado de la salud de una compañía internacional de capacitación en Seis Sigma me contrató para ayudarle en su preparación para una conferencia de medicina en Harvard. Yo le pregunté: "¿cuál es tu propósito?".

Él dijo: "esta conferencia atrae a ejecutivos de hospitales de todo el mundo. Si hago un buen trabajo, esto podría significar millones de dólares en nuevos contratos para nuestra empresa. El problema es que mi intervención es el último día. Me temo que nadie venga a mi programa y mucho menos tome asiento durante toda la presentación ni se quede para hablar conmigo".

"Entiendo. Usemos las siete Ps para desarrollar algo tan original e intrigante que te ayude a optimizar esta oportunidad".

1. Primera P = Propósito. ¿Cuál es tu meta? ¿Qué puede hacer que esto tenga éxito?

"Mi propósito es diseñar y proveer un programa único que motive a las personas a llegar y que proporcione tanto valor real que todos tengan una impresión favorable", dijo él.

2. P = Persona. ¿Quiénes son las personas a cargo de las decisiones a quienes quieres llegar? ¿Quién representa a tu cliente ideal? Dale un nombre a esa persona. Descríbelo de tal forma que lo puedas ver.

"Las personas a cargo de las decisiones a quienes quiero llegar son administradores hospitalarios de gran experiencia, llamémoslo Gene, quien tiene autoridad sobre el presupuesto de más de diez centros médicos", explicó el cliente. "Está un poco cansado porque ha estado en docenas de conferencias médicas y 'ya ha estado ahí y ya lo ha escuchado'".

3. P = Problema. ¿Qué frustraciones/retos tiene tu cliente objetivo?

"Bueno, en Seis Sigma consideramos que las ineficiencias minan el desempeño, la productividad y las utilidades en las organizaciones del cuidado de la salud. Ese es un problema que Gene está enfrentando en el trabajo y, en este congreso, el problema es que para Gen muchas conferencias son densas, superficiales o demasiado básicas", me dijo el ejecutivo.

4. P = Premisa. Pregunta "¿por qué?" y "¿qué tal si...?" ¿Por qué tiene que ser así? ¿Qué tal si hubiese una nueva manera, una mejor?

"*¿Qué tal si* pudiera motivar a Gene y a otros ejecutivos para que se quedaran en mi programa porque atrajo su atención y se veía realmente intrigante?", preguntó él. "¿Qué tal si, en lugar de aburrirlo con cosas que ya conoce, le presento una sesión innovadora y sustancial que sea divertida y llena de acciones de la vida real que él y su equipo pudieran tomar para mejorar la satisfacción y lealtad de los pacientes, así como las utilidades finales?".

5. P = ¿Producto? Aquí es donde tu tormenta de ideas paga con una nueva y mejor manera. El preguntar "¿por qué?" y "¿qué tal si...?" interrumpe el POE y arroja un producto (o método) del tipo "¡Eureka! lo encontré" que es más efectivo, atractivo, gratificante y rentable.

Le pregunté a mi cliente: "¿qué haces en tu tiempo libre? ¿Tienes algún pasatiempo?

Él se rio amigablemente, "viajo durante la mayoría de la semana. ¿Quién tiene tiempo para un pasatiempo?".

"¿Y qué haces cuando estás en casa? ¿Te gusta ir a cine con tu esposa, arreglar el jardín, ver televisión?".

"A veces vemos la serie *La ley y el orden*".

"¡Bingo! Tengo el título intrigante para ti... EL CAOS Y EL ORDEN".

Él se rio. "Eso es perfecto".

Desarrollamos su programa de tal forma que presentara una trama del programa de televisión. Él identificó tres *fallas caóticas* que afectaban las utilidades de los hospitales y que indicaran cómo implementar sistemas Seis Sigma para traer *orden* al caos y así mejorar la productividad de los empleados, aumentar la satisfacción y lealtad de los pacientes, así como los ingresos.

6. P = Promesa. Como esto es nuevo, haz una promesa para que las personas puedan confiar en ti y en tu propuesta.

Mi cliente dijo: "Nuestra descripción promete que esto será innovador, interactivo, diferente a todo lo que han experimentado en una conferencia de medicina y que también presentará recomendaciones prácticas que puede impulsar sus resultados finales para que puedan tener la certeza de obtener una recompensa financiera".

7. P = POP. Dale a tu nuevo producto un nombre intrigante que lo haga saltar de su empaque.

Mi cliente dijo: "en realidad no creo que el título El Caos y el Orden motive a las personas a quedarse hasta mi presentación el último día y a optar por asistir a mi programa en lugar de ir a otras sesiones individuales".

Él tenía razón. Su nueva oferta llenó el salón, resultando en excelentes evaluaciones, y motivó a varios participantes a acercarse voluntariamente (sin que tuviera que invitarlos desde la plataforma) y pedirle su tarjeta de modo que pudieran tener una conversación posterior.

Los beneficios de crear algo nuevo

Cuando creas, tienes un leve aumento de endorfinas. ¿Por qué crees que el cabello de Einsten se veía así?
ROBIN WILLIAMS, COMEDIANTE

Cuando creas un método nuevo y mejor, no eres el único que recibe un aumento de endorfinas. Tus clientes también lo reciben por su atención intrigada y, por ende, tú obtienes un aumento de nuevos negocios.

¿Y qué de ti? Toma tu Formulario W5. De hecho, te sugiero que lo lleves a almorzar junto con las siete Ps y un amigo. Divide el tiempo para que cada uno pueda sugerir una prioridad. Hablen sobre las siete Ps y pregunten "¿por qué?" y "¿qué tal si...?", de tal forma que cada uno pueda interrumpir el POE y crear una nueva norma que atraiga la atención favorable de quienes están a cargo de las decisiones.

¿Quieres otro ejemplo de los beneficios finales que pueden acumularse para ti y para aquellas personas con quienes quieres establecer conexiones cuando uses las siete Ps para crear algo nuevo?

Me encontraba en el centro de New York en la hora pico y necesitaba llegar al aeropuerto. Aunque estaba en la calle buscando un taxi, no pude encontrar ninguno. Llamé a mi hijo Andrew. "¿Ayuda?".

Dijo él, "mamá, yo me encargo. ¿Dónde estás?" Cinco minutos después, un taxi llegó, entré rápido y logré llegar a tiempo a mi avión. Andrew había pagado el servicio por anticipado. ¡Vaya trato!

Quizás ya adivinaste la compañía "evolucionaria" de la que estoy hablando. Señoras y señores, les presento a Uber. Según el *New York Times*, Uber comenzó hace menos de cinco años y ya se ha expandido a más de 128 sitios en todo el mundo y recibió una valoración estimada en *Forbes* de $18.2 billones en el año 2014.[9]

¿Cómo las siete Ps pueden ayudarte a crear clientes felices?

Ningún negocio jamás ha fracasado con clientes felices.

WARREN BUFFETT, BILLONARIO

No consulté con Uber, pero podemos divertirnos imaginando y haciendo ingeniería inversa de cómo ellos crearon la siguiente novedad en una industria de muchos billones de dólares. Imagina que eres un ejecutivo en los primeros días de Uber y estás proponiendo ideas con las siete Ps.

1. P = Propósito

Nuestra meta es darles a millones de personas infelices una forma nueva y mejor de conseguir un taxi. Nuestro objetivo es crear una ventaja competitiva, identificar un nicho y construir un negocio rentable.

2. P = Persona

Nuestro cliente objetivo es una profesional exitosa, llamémosla Judy, que vive en una ciudad grande y está cansada de hacerles señales a taxis.

3. P = Problema

Los problemas que Judy tiene con los taxis son:
* Es imposible conseguir un taxi en la hora pico, cuando está lloviendo o en medio del invierno.
* Los conductores suelen cobrar más, y no hay nada que puedas hacer al respecto.
* Los taxis suelen oler a cigarrillo, los asientos son sucios y dañan su ropa.
* Muchos conductores prefieren efectivo y no quieren que pague con tarjeta de crédito.

4. **P = Premisa**

Nuestra premisa es que debe haber una mejor manera, y diferente, para conseguir un servicio de taxi.

- ¿Qué tal si Judy estuviera en capacidad de conseguir un taxi a cualquier hora y nunca tener que esperar más de quince minutos?
- ¿Qué tal si, incluso en las horas pico o cuando esté lloviendo, Judy lograra contar con conseguir un taxi?
- ¿Qué tal si Judy pudiera confiar en que su conductor tiene GPS y sabe cómo llevarla a su destino?
- ¿Qué tal si el servicio se pagara por anticipado con su tarjeta de crédito, de modo que Judy no tuviera que llevar efectivo?
- ¿Qué tal si los taxis fueran inspeccionados de modo que Judy pudiera confiar en que están limpios y libres de humo?

5. **P = Producto**

Tenemos una nueva y mejor empresa de taxis que les da a los frustrados usuarios de taxi exactamente lo que quieren y nada de lo que no quieren.

6. **P = Promesa**

Nos ganaremos la confianza de Judy, y la confianza de otros primeros usuarios escépticos, ofreciéndoles una garantía de devolución de dinero de modo que no haya riesgos y no tengan nada que perder.

7. **P = POP**

Tomemos un nombre fácil de pronunciar y recordar, de modo que ayude a hacerse viral.

¿En qué eres diferente?

Si tienes la suerte suficiente para ser diferente, nunca cambies.

TAYLOR SWIFT, CANTANTE

¿Ves lo que sucede cuando tomas tiempo para aplicar las siete Ps a tu prioridad? Si quieres clientes felices, dales lo que quiere y nada de lo que no quieren. Esto puede parecer sentido común, pero como solía decir mi madre, "el simple hecho de que algo sea de sentido común no significa que es de práctica común".

¿Y qué de ti? ¿Tu idea u organización no están logrando el apoyo, la tracción o los ingresos que merecen? Quizás nadie lo vea como algo especial. Si lo consideran una mercancía, no tendrán ninguna razón atractiva para prestarle atención. A menos que te perciban como diferente, siempre lucharás por lograr atención. La buena noticia es que las siete Ps pueden ayudarte a crear algo nuevo, de modo que no solo liderarás la multitud, sino que crearás una multitud totalmente nueva.

Preguntas de acción:
crea la siguiente novedad

Toda empresa es exitosa en la misma medida en que
hace algo que otros no pueden hacer.
PETER THIELM CO-FUNDADOR DE PAYPAL

1. Mira tu Formulario W5. ¿Cuáles son las normas en esa industria? ¿Cuál es el procedimiento estándar en el tema que estás abordando? ¿Cómo suelen hacerse las cosas en esa situación?
2. ¿Cómo usarás las siete Ps de la interrupción para identificar una nueva y mejor forma de resolver ese problema, abordar esa dificultad o satisfacer esa necesidad?
3. Cómo planeas atraer la atención (y negocios) de tus clientes objetivo al presentar algo poco común y ofrecer algo que tus competidores no pueden ofrecer?

CAPÍTULO 7

Mantente vigente

*SI aprendes a disfrutar ser un principiante,
todo el mundo se abrirá ante ti.*
BARBARA SHER, ESCRITORA

EL ORADOR QUE me antecedió en la conferencia mundial de jóvenes empresarios era una leyenda de la publicidad que había fundado una de las mejores agencias de la ciudad de New york. Comenzó su intervención con un relato acerca del jinete profesional, miembro del Paseo de la Fama, Eddie Acero, quien ganó dos Coronas Tiples de carreras de caballos hace más de setenta años. Luego hizo referencia a la Segunda Guerra Mundial, citando al General George Patton, y contó la usual historia "motivacional" acerca de cómo se entrenan a los elefantes con una cadena alrededor de su pata hasta que dejan de tratar de liberarse y entonces puedes atarlos con un cordón de zapatos. Hmmm.

Yo miré alrededor. Nadie estaba escuchando. Estos estudiantes no estaban siendo groseros, solo que no podían relacionarse con nada de lo que él estaba diciendo. No solo usó referencias de eventos que habían sucedido antes del nacimiento de ellos, sino que también éstas giraban en torno a los Estados Unidos. Él, o no se había preguntado si sus observaciones eran vigentes, o no le importaba.

Por favor, ten en cuenta que no estoy despreciando los aportes de este hombre a la industria. Es solo que ahí estaba una solución rápida. Si hubiera dedicado tan solo unos minutos a investigar su audiencia, habría descubierto que todos estaban entre los 18 y 20 años. Podría haber hecho que su charla fuera más actual usando un periódico (¡ayudas!) que analizara los mejores anuncios publicitarios del Súper Tazón, el cual había tenido lugar el fin de semana anterior. Él pudo haber pedido la opinión de los estudiantes respecto a cuáles anuncios habían funcionado, cuáles no y por qué.

Pudo haberles preguntado a los asistentes cómo estaban haciendo publicidad de *sus* empresas y haberles ofrecido consejos sobre cómo hacer rendir sus inversiones en mercadeo. Cualquiera de estas opciones habría sido útil para su audiencia y habría dado vigencia a toda su experienia. Pero, en lugar de estar dispuesto a ser un "principiante", él optó por darles la misma charla que había estado dando por años. Como consecuencia, sus apreciaciones llegaron a oídos desinteresados.

¿Estás citando fuentes recientes?

Cuando se trata de dar conferencias, no leo discursos preparados. No quiero hacer lo mismo una y otra vez.
DANNY MEYER, FUNDADOR DE TRES RESTAURANTES CON RECONOCIMIENTO MICHELIN STAR

¿Y qué de ti? ¿Das la misma charla una y otra vez? ¿Lees discursos ya preparados, al pie de la letra? ¿Citas investigaciones y fuentes desactualizadas?

Parte de INTRIGUE es entender que las personas no quieren escuchar lo mismo una y otra vez. *Frescura equivale a relevancia.* Tu capacidad de mantenerte actualizado determina tu vanguardismo. Piénsalo. ¿Por qué leemos o vemos noticias? Tenemos una curiosidad innata acerca de las cuestiones actuales. Queremos estar al día respecto a lo nuevo del mundo que nos rodea.

Sin embargo, muchos de nosotros usamos fuentes e investigaciones desactualizadas. Cuando lo hacemos, las personas de inmediato voltean la mirada y concluyen que estamos atrasados.

Esto fue esclarecedor para un ejecutivo que llevó un bosquejo de su libro sobre liderazgo a nuestra primera sesión de entrenamiento. Observé que cada capítulo lo había iniciado con una cita. Como lo habrás notado, me encantan las citas. Creo que sirven para muchos fines positivos. Las citas sustanciales y provocativas desglosan contenidos densos, haciéndolos más atractivos, y pueden saltar de la página y levantar cejas.

El reto era que todas (y me refiero a todas) las citas de mi cliente eran de lo que mis amigos milenials llaman "hombres blancos ya muertos". Ahora, me gusta Einstein, Aristóteles, Edison y Emerson tanto como la siguiente persona.

No es que estos líderes de pensamiento no fueran sabios, solo que no son recientes.

Yo le dije: "¿quieres hacer tu libro más intrigante de una manera rápida? Reemplaza algunas de estas citas antiguas con citas nuevas que tus lectores no hayan visto antes".

"Pero me gustan estas citas".

"Lo sé, a muchos les gustan esas citas. Y ese es un problema. Las personas suelen ojear los libros para saber si vale la pena leerlo. Si ven varias citas que ya conocen, pondrán el libro a un lado porque concluirán que no tienen nada *nuevo* que ofrecer".

"¿Entonces qué puedo hacer?".

"Es fácil. Estás escribiendo sobre liderazgo. Todo lo que debes hacer es escribir 'citas sobre liderazgo' en tu buscador de Internet favorito. Encontrarás Brainy Quotes, Think Exist, Goodreads y otros compiladores de citas que ofrecen una variedad de citas gratuitas sobre tu tema".

Ingresamos a Internet y rápidamente encontramos muchas citas que eran introducciones perfectas para sus capítulos. De hecho, él dijo que la siguiente cita del escritor de negocios Ken Blanchard se había convertido en su nueva favorita: "El secreto para el liderazgo de éxito hoy en día está en la influencia, no en la autoridad".

Las citas de los líderes de pensamiento actuales son una manera fácil de estar al día

Recuérdate a ti mismo que este
es el único momento que sabes que tienes por seguro.
OPRAH WINFREY, EMPRESARIA

¿Te gustaría encontrar citas de líderes de pensamiento actuales, que capturen la atención positiva de tu gente? Solo escribe "citas sobre _____ (tu tema)" en un compilador de citas. Revisa las citas que salgan, teniendo en mente los siguientes criterios para encontrar solo las correctas.

1. ¿Cuáles de estas son más relevantes para mi público, tema y el punto que quiero enfatizar?
2. ¿Cuáles ofrecen perspectivas provocadoras que extiendan mi manera de pensar y ofrezcan nuevas perspectivas?
3. ¿Cuáles citas representan una mezcla diversa de hombres y mujeres, y una variedad de líderes o íconos populares de diferentes edades, industrias, culturas y países?
4. ¿Cómo puedo compensar las citas "antiguas" ("el tiempo es la divisa de tu vida... Ten cuidado de no dejar que los demás los gasten por ti", Carl Sandburg); con nuevas citas ("el tiempo es el nuevo dinero", Richard Banson)?

5. ¿Cómo puedo "enganchar y acoplar" esta cita a mi contenido, de tal forma que respalde mi punto? Por ejemplo, si citas la frase de Mitch Albom "estoy enamorado de la esperanza", podrías tomar las palabras clave *amor* o *esperanza* y preguntar: "¿De qué estás enamorado?" o "¿cuál es tu esperanza?".

En caso de que estés interesado, nuestro equipo de Intrigue Agency mantiene una lista actualizada de nuestras cien mejores citas actuales favoritas. Te invitamos a solicitar una copia, contactándonos a la dirección de correo electrónico que se encuentra la final de este libro.

Asóciate con eventos actuales que sean del interés de tus clientes

> *Las personas creativas pueden conectar experiencias y sintetizar cosas nuevas.*
> STEVE JOBS

La participante de un taller dijo: "tengo una firma que presta servicios de contabilidad. No tiene nada intrigante, nuevo o actual. ¿Tienes alguna sugerencia respecto a cómo captar más atención para mi empresa?".

Le sugerí: "quizás quieras seguir el ejemplo de Quicken Loans. Ellos captaron la atención de todo el país al vincularse con March Madness, el popular torneo de baloncesto universitario de la NCAA que tiene millones de seguidores. Ellos patrocinaron un concurso que prometía un *billón* de dólares a cualquiera que eligiera al ganador de todos los partidos. Un artículo del *USA Today*, escrito por Bruce Horovitz, dijo que esta novedosa alianza había aumentado el reconocimiento de marca de Quicken Loans en un asombroso 300% en tan solo un mes.[10] *Eso* es atención de marca".

"Sí, pero no tengo un billón de dólares para invertir en una campaña de mercadeo o en un premio".

Yo le dije: "no tienes que tenerlos, solo busca eventos actuales que *ya* estén generando prensa. En lugar de tratar de construir interés desde ceros, conéctate con algo que tenga ruido por sí solo".

Le sugerí (y también te lo sugiero a ti) que podía llamar la atención de clientes potenciales al vincularse con eventos actuales a los que ellos ya les estén prestando atención. Por ejemplo:

- ¿Qué días festivos o eventos anuales puedes apalancar? ¿Qué vínculos naturales puedes tener con la preparación de impuestos de abril 15? ¿Graduación? ¿Día de acción de gracias? ¿Día de san Valentín?
- ¿Qué actividades son populares en tu comunidad? ¿Un torneo de pesca? ¿El mercado campesino? ¿Una feria del condado? ¿Podrías patrocinarlos, tener un puesto en el evento?
- ¿Qué causas están recibiendo la atención de la prensa en tus medios locales? ¿Donaciones de ropa para Dress for Success? ¿El evento de la Sociedad Humana Bark Park y Petworking? ¿La carrera para salvar al río?

Le dije a esta contadora: "Denny's (la cadena de restaurantes) obtiene publicidad gratis todos los años sirviendo comidas gratis a veteranos militares el Día de los Veteranos. Quizás puedas hacer algo similar y ofrecer un seminario financiero gratis para los veteranos de tu zona el Día de los Veteranos. Cuando te vinculas con actividades actuales que son del interés de tus clientes potenciales, es más probable que ellos se interesen en ti".

Ella me dijo: "¿Sabes qué voy a hacer? Tengo dos nietos que juegan en la liga de niños, y mi hijo administra una pizzería en la ciudad. Voy a patrocinar una fiesta de pizza con todos los gastos pagados para el equipo ganador en el restaurante de mi hijo".

"Es muy inteligente", le dije. "Estás contribuyendo a tu comunidad de una manera que concuerda con tus prioridades y te estás poniendo en el radar de clientes potenciales que de otra forma no podrían saber lo que haces. Para mí suena como algo en lo que todos ganan".

Ofrece tu opinión sobre lo actual

Siempre tuve un comentario recurrente en mi cabeza que era demasiado chistoso, pero nunca se lo dije a nadie.
ELAYNE BOOSLER, COMEDIANTE

En el actual mundo de las redes sociales, ni siquiera tienes que salir de casa para conectar tu prioridad con eventos actuales. Puedes hacerlo sacando el comentario de tu cabeza y dando tus comentarios sobre lo que está vigente en Internet.

Eso es lo que el abogado y consultor en seguridad en línea, Jeffrey Ritter, hizo como resultado de asistir a uno de nuestros retiros estratégicos. Él nos dijo: "siendo el ejecutivo de una firma de abogados, me enviaron a muchas partes del mundo a hablar en conferencias sobre confianza digital. Esperaba seguir así cuando comencé mi propia práctica como consultor. Desafortunadamente las cosas no han salido de esa manera.

¿Cómo puedo obtener más clientes?".

"Jeffrey, tienes suerte", le dije "En poco tiempo tendrás la oportunidad perfecta para atraer atención a nivel mundial, y gratis".

"Eso suena demasiado bueno como para ser cierto. ¿Cómo?".

"Los olímpicos van a ser el próximo mes. ¿Acaso no dependen ellos en la confianza digital? Quiero decir que tenemos que confiar en que las cámaras electrónicas y los relojes digitales son precisos y están diciendo la verdad, ¿correcto? Puedes seguir los *hashtags* más populares de los juegos en las redes sociales y comentar sobre los eventos que más tráfico están generando".

Jeffrey siguió el consejo. Como resultado de la atención en los medios (y el respeto) que generó, fue contratado como profesor en Georgetown, Johns Hopkins, y Oxford. Nada mal. Sin haber salido de casa, Jeffrey atrajo la atención de millones sobre su trabajo, al comentar sobre lo que estaba vigente.

Pongámoslo en perspectiva. Es probable que los blogs, los artículos, los videos y las publicaciones llenas de instructivos y consejos de expertos los lean tus familiares y algunas personas interesadas en tu tema.

Una mejor manera de hacer que más personas noten tu trabajo es añadiendo comentarios intrigantes a eventos actuales a los que tus clientes ideales ya les están prestando atención. Al vincularte con eventos de alto perfil, puedes valerte del ruido que estos generan y llamar la atención de aquellas personas que de otra forma no sabrían, o no se interesarían, en ti y en lo que ofreces.

Preguntas de acción:
mantente vigente

No escribimos acerca de un tema a menos
que tengamos algo nuevo que agregar.
STEVE LEVITT Y STEPHEN DUBNER,
COAUTORES DE *FREAKONOMICS*

1. ¿Cómo te vas a mantener al día? ¿Cómo citaras fuentes actuales e investigaciones recientes, de tal forma que tengas algo nuevo que agregar a la situación que identificaste en tu Formulario W5?

2. ¿Cómo ofrecerás comentarios sobre eventos actuales para valerte del ruido y la atención que ya están generando en lugar de tener que crear el tuyo propio desde ceros?

3. Si tu prioridad no es nueva, ¿cómo puedes vincularla con algo que sí lo es? ¿Cómo te conectarás con clientes ideales que no saben de ti al vincularte con un evento actual en el que ellos sí estén interesados?

CAPÍTULO 8

Mira el mundo con
ojos recién abiertos

Cuando el ojo se despierta para volver a ver,
de repente deja de darlo todo por hecho.

FREDERICK FRANCK, FILÓSOFO

RECUERDO HABER LEÍDO un artículo en el
Washington Post Magazine, edición del domingo, y haber es-
crito un blog después diciendo para mis adentros: *Solo denle el*
Pulitzer a este hombre.

"Pearls before Breakfast" (Perlas antes del desayuno) de
Gene Weingarten[11] fue una excelente pieza periodística. Él se
preguntó: "¿qué sucedería si tomaras a un reconocido violinis-
ta (de cuyo último álbum se había dicho: "indefectiblemente
exquisito, una cumbre musical que hará que tu corazón salte
y llore al mismo tiempo") y lo pusieras dentro de una estación
del metro del D.C. durante la hora pico de la mañana?

¿Qué tal si le pidieras que tocara seis composiciones que
fueran "obras maestras que hayan perdurado a través de los
siglos por su solo esplendor"? ¿Qué tal si llevaras este experimento un poco más allá y le pidieras que ejecutara estas piezas
musicales de arte con un Stradivarius poco común de varios
millones de dólares?

¿De los cientos de personas que pasan, podría alguna tomarse el tiempo para prestar atención a un concierto gratuito
ejecutado por "uno de los mejores músicos clásicos del mundo,
tocando unas de las piezas musicales más elegantes jamás escritas, en uno de los violines más valiosos jamás construidos"?

Durante los 45 minutos que Joshua Bell tocó (sí, Joshua Bell, quien llena salas de conciertos por todo el mundo), ¡solo siete personas! le prestaron algo de atención a su presentación. Las otras 1.070 personas pasaron rápido, aparentemente inconscientes del milagro en medio de ellas.

¿Cuál es el punto de Weingarten? Fueron muchos. Uno de ellos fue citar a W. H. Davies, quien dijo: "'qué es esta vida si, al estar llena de preocupaciones, no podemos detenernos a observar'. ¿Cuál es el precio de estar tan ocupados, sin parar, al punto de perder la capacidad de ver, escuchar y agradecer la belleza que nos rodea?'".

Otra perspectiva intrigante: "no hubo un patrón demográfico que definiera a las pocas personas de esa multitud que no siguió de largo, que sí se detuvieron a ver a Bell. Pero, *siempre que un niño o una niña pasaban, trataban de detenerse a mirar. Y, todas las veces, su padre o madre lo hacía seguir caminando*".

Te hace pensar, ¿no es cierto? Mis honores para Gen Weingarten por su brillante escrito y experimento social que invita a reflexionar. Por favor, toma un momento para leer su artículo y luego preguntar: "¿habría yo tomado un momento para escuchar a Bell? ¿Por qué sí o por qué no? ¿Estoy tan ocupado, tan preocupado, que me he acostumbrado a mi entorno? ¿Me estoy perdiendo los milagros que me rodean? ¿A qué costo?

¿Le estás prestando atención a los milagros que hay a tu alrededor?

Es probable que nunca apreciemos por completo el aquí y el ahora, hasta cuando lo veamos desafiado.
Anne Morrow Lindbergh, aviadora

Incluí este capítulo, porque he llegado a comprender que el comprometerse a ver el mundo con nuevos ojos (en lugar de usar los viejos y cansados) hace parte de lo que es INTRIGUE. Quizás estés de acuerdo con la importancia de prestar atención a los milagros que te rodean en lugar de darlos por hecho, sin embargo, eso es lo que hacemos muchos de nosotros.

¿Por qué? Si has estudiado la pirámide de las necesidades de Maslow, probablemente recuerdes que una de sus premisas es "una necesidad satisfecha deja de ser un motivador". ¿Qué significa eso? Si tenemos libertad, dinero, salud, trabajo, amigos y familia, tenemos "necesidades satisfechas", así que dejamos de prestarles atención.

De hecho, tendemos a dar las cosas por hecho hasta que tenemos un evento emocional significativo (EES). Por desgracia, la mayoría de los EES son traumáticos. Nos divorciamos, nos despiden, nos enfermamos o perdemos a un ser querido.

¿Por qué esperar a un doloroso EES para concentrar tu atención en lo que realmente importa? ¿Por qué no tener un simulacro de EES para poder ver el evento sin el dolor? ¿Por qué no optar por invalidar la pirámide de necesidades de Maslow y reconectarnos con quienes, y con aquello que es importante, comenzando hoy mismo?

Dos formas de reconectarnos con quienes y con aquello que es importante

Cuando concentras toda tu atención a algo, así sea una hoja de pasto, esto se convierte en un mundo misterioso, magnífico e indescriptible en sí mismo.
HENRY MILLER, DRAMATURGO

Estás pensando: "pero ¿cómo podemos invalidar la pirámide de necesidades de Maslow?" Así: Estos dos métodos te pueden ayudar a prestar mayor atención a quienes y a aquello que es realmente importante.

1. Mira a alguien o algo como si fuera la primera vez

El que no puede hacer una pausa para maravillarse y quedarse absorto es tan bueno como un muerto, tiene los ojos cerrados.

ALBERT EINSTEIN, GENIO

Mis hijos y yo teníamos un ritual a la hora de ir a la cama cuando ellos eran niños. Ellos decían por qué cosas estaban "agradecidos" y yo les contaba una historia mientras les sobaba la espalda. Inventamos nombres divertidos para los diferentes tipos:

"Palmada feliz, lluvia de dedos, electricidad y chop suey".

Una noche, estaba sentada al lado de ellos, sobándoles la espalda al estilo "carro chocón", pero en realidad no estaba muy concentrada. Estaba pensando en el taller que tenía que dar al día siguiente y preguntándome: "¿empaqué el material que voy a repartir? ¿El auto tiene combustible? ¿A qué hora es el vuelo?

Luego, por alguna razón, mis ojos de fijaron en Tom y Andrew. Los *vi* como su fuera la primera o la última vez. Un momento común y corriente pasó a ser extraordinario. Me llené del puro milagro de su juventud, su vitalidad, su curiosidad reflejada en sus brillantes ojos, su buena salud. Me abrumó el entender lo afortunada que era de ser su madre, de tenerlos en mi vida y de ser parte de las de ellos.

La autora Doris Lessing dijo: "todo es cuestión de mantener mis ojos abiertos". Puedes hacer que los momentos comunes se conviertan en momentos extraordinarios cuando quieras. Solo haz a un lado lo que estás haciendo, *mira* a tu alrededor y mira a alguien o algo como si fuera la primera vez. Tan pronto lo hagas, verás a esa persona con un nuevo aprecio porque la vez con ojos de intriga.

2. Escríbelo cuando lo pienses

"El horror de ese momento" prosiguió el rey, "¡NUNCA lo olvidaré!". "Pero sí lo harás", dijo la reina, "si no haces un memorando al respecto".

Lewis Carroll, escritor

¿Alguna vez leíste *Alicia en el país de las maravillas*? ¿Recuerdas el pasaje anterior? Incluso la reina sabía escribir los pensamientos cuando se presentaban.

Siempre estaré agradecida con el exfotógrafo de *National Geographic* Dewitt Jones por haberme mostrado por qué es tan importante escribir cuando pensamos. Dewitt y yo estábamos disfrutando de una conversación mientras caminábamos a lo largo de la playa Maui, hablábamos sobre la intuición. ¿Qué es intuición? ¿De dónde viene? ¿Por qué los impulsos intuitivos nunca se equivocan? ¿Cómo podemos aprovecharlos?

Dewitt estaba haciendo algo inquietante. Caminábamos unas cien yardas, paraba, sacaba de su bolsillo un pequeño cuaderno de notas y un lápiz, y escribía algo. Avanzábamos otras doscientas yardas y Dewitt se detenía a escribir otra cosa. Siguió haciéndolo hasta que finalmente pregunté: "Dewitt, ¿qué haces?".

Él dijo: "Sam, antes tenía ideas y pensaba: 'eso sería un aporte interesante para mi columna', o 'debo incluir eso en mi discurso', pero luego me ocupaba de otras cosas y lo olvidaba. Luego entendí que me gano la vida con mi mente, y lo que estaba haciendo era desechar esas perspectivas de oro que recibía. Así que me prometí comenzar a escribirlas en el momento que llegaran a mi mente, así no las perdería. Ahora se ha convertido en un hábito".

¿Cuántas veces has notado o pensaste en algo intrigante para luego seguir con tus cosas del día y olvidarlo? Si hay algo que he aprendido durante los años de investigación en los fascinantes temas de innovación e INTRIGE, es que *así es* como se presentan nuestras mejores ideas. Brotan en nuestra mente. Y si no las escribimos en ese momento, desaparecen y de hunden entre otras cosas que compiten por nuestra atención.

A partir de ahora, promete que "tomarás nota" de esos rayos de luz. Carga un cuaderno o una grabadora digital o llámate a tu teléfono y deja un mensaje. Haz algo para capturar las intrigantes observaciones antes que desaparezcan. Recuerda que no los llaman pensamientos fugaces por nada.

Mi modus operandi es escribir lo que pienso cuando todavía está fresco. Espero que también sea el tuyo. Difícilmente puedo expresar la gran diferencia que hará si haces de tu vida tu laboratorio y escribes tus pensamientos cuando éstos surjan.

La escritora Natalie Goldber dice: "los escritores viven la vida dos veces". Si lo escribes cuando lo piensas, llegarás a vivir la vida *tres* veces. Una en tiempo real, cuando observes algo intrigante. Una segunda vez, cuando revises tus notas y recuerdes ese rayo inspirador. Y una tercera, cuando compartas tus intrigantes perspectivas y presencias que hace una diferencia para los demás.

¿A qué le estás dedicando tu atención?

Dime a qué le prestas atención y te diré quién eres.
JOSÉ ORTEGA Y GASSET, FILÓSOFO

A partir de hoy, haz el voto de tomar nota de lo bueno en tu mundo y no lo malo. En lugar de concentrar tu atención en las *noticias*, las cuales se concentran en la inhumanidad de la humanidad, escoge intencionalmente enfocar tu atención en lo que sea alentador. Por ejemplo, mira a Eric Whitacre dirigir una "coral virtual" con dos mil personas de cincuenta y ocho países... todas al mismo tiempo en *Internet*.[12]

Como lo dice el doctor Wayne Dyer, "cuando cambias la manera de ver las cosas, las cosas que miras cambian". Cuando prestes mayor atención a las personas y cosas que realmente importan, comenzarás a apreciar el milagro de lo común. El concentrarte en lo correcto te ayudará a ver la vida desde una nueva perspectiva.

Preguntas de acción: mira el mundo con ojos recién abiertos

El verdadero viaje del descubrimiento no consiste en buscar nuevos paisajes, sino en tener nuevos ojos.
MARCEL PROUST, ESCRITOR

1. ¿Con quién te vas a reconectar mirándolo con ojos nuevos en lugar de usar los cansados? ¿Cómo crearás el hábito diario de ver a alguien o algo a tu alrededor como si fuera la primera vez?

2. ¿Cómo vas a invalidar la pirámide de necesidades de Maslow para prestarle mayor atención las personas y las cosas que realmente importan hoy y todos los días?

3. ¿Cómo vas a escribir tus pensamientos cuando vengan a tu cabeza, de tal forma que tomes nota de lo que anda bien en lugar de lo que anda mal?

CAPÍTULO 9

Provoca ajá's con ja ja's

Siempre me ha sorprendido cuán poca atención le han prestado los filósofos al humor, dado que este es un proceso mental más significativo que la misma razón. La razón solo puede organizar las percepciones, pero el humor puede cambiarlas.
EDWARD DE BONO, ESCRITOR

INTELIGENTE ESTE HOMBRE Edward de Bono. El humor (los ja ja's) no solo tiene el poder de capturar la atención favorable de las personas, sino que también puede producir epifanías (ajá's) al ayudarles a ver las cosas de una nueva manera.

¿Puede haber alguna señal más certera de que tienes la atención favorable de los demás que cuando están riendo? Como lo dijo la comediante Joan Rivers: "cuando te ríes de algo, estás recordando algo".

"Sé que el humor es importante", me dijo un cliente, "pero yo no soy chistoso".

Yo le dije, "quizás pienses que no eres chistoso, pero a todos nos suceden cosas chistosas, o suceden al rededor nuestro. Lo que debes hacer es comenzar a notar aquellas cosas que te hacen reír, e integrarlas (citando la fuente) a tu tema.

No lo llaman alivio cómico por nada

Si no te tomas demasiado en serio, muy pronto encontrarás el humor en la vida cotidiana, y a veces puede ser un salvavidas.
BETTY WHITE, ACTRIZ

¿La situación que escribiste en tu Formulario W5 es "algo serio"? ¿Asumes que debes mantenerte serio si se trata de un tema serio? Falso. Las personas pueden prestarle atención a asuntos serios solo por un tiempo. Pueden entender que se *supone* que deben escuchar, pero, si requiere disciplina, incentivo o el ancho de banda que no tiene, lo que estás diciendo no alcanzará su objetivo.

Es ahí donde entra una buena carcajada. El humor adecuado les da a las personas un descanso mental ante el esfuerzo de mantenerse concentradas. Una sonrisa o una carcajada reinician el lapso de atención de las personas.

Mejor pongo en práctica lo que enseño. Acabo de dedicar una página a *explicar* los beneficios del humor. ¿Por qué no compartir un ejemplo que muestre cómo puedes crear un ajá con un ja já?

Cómo integrar verdadero humor a tus interacciones

A muy temprana edad, aprendí que, cuando hacía reír a los demás, les agradaba. Esta es una lección que nunca olvidé.
ART BUCHWALD, COLUMNISTA DE HUMOR

Hace años, estando en el aeropuerto de San Francisco, vi a un hombre muy alto caminado en dirección opuesta a la mía. No podía creerlo. Algunas personas frente a mí lo señalaban y se reían. Yo pensé, *qué groseros, no hay excusa para hacer eso.*

Cuando estuvo más cerca, pude ver por qué se reían. Tenía una camiseta deportiva que decía en letras grandes "No, no soy basquetbolista". Cuando pasó por mi lado, me di la vuelta para decirle algo y estallé en risas. La parte trasera de su camiseta decía: "¿eres tú un jinete?".

Tenía que conocer a este joven listo, así que me devolví para alcanzarlo. Le pregunté "¿dónde conseguiste esta camiseta tan buena?".

Él sonrió y dijo: "esto no es nada. Tengo un cajón lleno de estas en casa. Mi favorita dice: 'mido 1,87 metros' y el clima aquí está bien".

Le pregunté cómo había tenido esas ideas.

"Ah, yo no fui el de estas ideas. Fue mi madre. Crecí treinta centímetros entre mis dieciséis y dieciocho años. Ni siquiera quería salir porque todos tenían que hacer algún comentario sabihondo. Así que mi madre finalmente me dijo: 'si no puedes vencerlos, úneteles'. Ella fue la idea de esto. Ahora me divierto *con* mi altura en lugar de sentirme frustrado *por* mi altura".

Que maravilloso ejemplo de cómo el humor puede ser una gracia salvadora. En lugar de tomarse demasiado en serio, este inteligente joven se levantó con una adversidad y se iluminó en lugar de endurecerse.

Engancha y conecta frases clave al punto que expresas

Es un privilegio estar en los hogares de las personas, pero es tan tarde que, sin duda, quiero los últimos segundos de la atención de todos. Solo quiero darles algo de qué reír.
JIMMY FALLON, PRESENTADOR DE *TONIGHT SHOW*

Después de compartir una historia de humor, asegúrate de "enganchar y conectar" la frase clave con tu audiencia, de modo que sea relevante para ellos. El "gancho" es la frase clave o punto central de tu historia. En este caso, el gancho es "divertirse con, en lugar de sentirse frustrado por...". "Conecta" esa frase con tu público haciendo una pregunta que los involucre, de tal forma que puedan pensar en cómo esto se puede aplicar a ellos.

Por ejemplo, puedes preguntar: "¿eres sensible o demasiado consciente acerca de algo? ¿Te gustaría divertirte con eso en lugar de frustrarte por eso? ¿Por qué no encontrar una respuesta no combativa, de tal forma que puedas divertirte, en lugar de sentirte molesto con aquella situación?".

¿Otro momento aleccionador de ese encuentro en el aeropuerto? Tan pronto sucedió, *supe* que era humor de oro, y de alguna manera lo compartiría en mis programas y libros. A partir de ahora, entiende que las cosas divertidas que te suceden a ti o al rededor tuyo son un regalo. Destápalas. Identifica la lección aprendida, engánchala y enlázala con una comunicación relevante, de tal forma que ese ja já, produzca ajá's.

Un cliente me dijo: "no me siento cómodo contando chistes. La mayoría de chistes que escucho son malos o los encuentro ofensivos. No quiero correr el riesgo de distanciar a mi audiencia".

Yo le dije: "me alegra que hayas dicho eso. Estoy de acuerdo con que no es sabio relatar chistes. Los chistes polarizan, además son 'inventados'. Lo que te sugiero es usar humor *verdadero,* de modo que las personas puedan confiar en ti. Cuando compartes experiencias de la vida real, mantienes tu credibilidad porque no estás inventando cosas".

Presta atención a lo
que te hace reír a carcajadas

El humor está en todas aquellas partes donde hay ironías,
en todo lo que un ser humano hace.
BILL NYE, THE SCIENCE GUY

A medianoche, al hacer la lectura final del manuscrito de su libro —*Ready to Be a Thought Leader?*— (¿Listo para ser un líder de pensamiento?), Denise Brosseau se dio cuenta que estaba un tanto serio y que sería más intrigante si le añadía algo de verdadero humor. Lo que debía hacer era pensar en situaciones que recientemente la hubieran hecho reír a carcajadas, y vincularlas con su material.

Por ejemplo, uno de sus capítulos decía que los altos niveles de educación eran buenos, pero no indispensables para ser considerado un líder de pensamiento en tu campo. Para ilustrar ese punto, ella compartió lo que le había sucedido mientras hacía compras en la tienda Babies "R" Us cerca de la universidad de Stanford.

Mientras esperaba para pagar, se entretuvo viendo a una pareja frente a ella. Ellos estaban leyendo con cuidado las instrucciones en la caja de la cuna que estaban por comprar, decían que venía para ser ensamblada desde ceros. Nerviosamente, le preguntaron a la cajera: "¿podremos armar esto nosotros solos?".

Ella inocentemente les preguntó: "¿ustedes tienen algún título de educación universitaria?".

"Oh sí", dijo él, "yo tengo un MBA y mi esposa tiene un PhD".

La cajera sonrió ampliamente y dijo: "entonces van a tener que contratar a alguien". ¡Voila!

Me dijo Denise, "la respuesta de la cajera fue tan inesperada que todos soltamos la carcajada. Ahora enlazo esta historia con mis presentaciones y siempre logra grandes carcajadas".

Denise tiene razón. Las respuestas inesperadas suelen provocar risas. De hecho, ¿sabes cómo Einstein sabía que tenía una buena idea? Se reía a carcajadas. Por esa razón, es de tu mejor interés el mantener las antenas encendidas para encontrar ironías definidas como "resultados inesperados".

A partir de ahora, cuando algo inesperado te haga reír, escríbelo. Luego encuentra cómo lo puedes integrar a una próxima situación en la que des un respiro sobre las "cosas serias" y reinicies la atención positiva sobre ti y el tema que estás tratando.

¿Dónde más puedes encontrar humor apropiado?

Si puedes tener humor y seriedad al mismo tiempo,
has creado algo especial. Eso es lo que busco, porque,
si te vuelves pomposo, lo pierdes todo.
PAUL SIMON, CANTANTE

¿Dónde más puedes encontrar humor verdadero? Aunque no lo creas, nunca leo el *Wall Street Journal* o el *Washington Post* sin encontrar alguna perspectiva intrigante o una anécdota graciosa que pueda darle un toque humorístico al punto que quiero presentar.

Una historia del *Washington Post* acerca de la excongresista Pat Schroender (D-CO) ilustra esto a la perfección. Cuando Schroender asumió su cargo en el edificio Rayburn, le sorprendió encontrar un regalo para ella de parte de Charlie Wilson (D-TX), un reconocido bromista.

Schroeder lo abrió con mucha expectativa, para encontrar una foto de una lápida con la inscripción "aquí yace la esposa de Davy Crockett". Debajo de esto, Wilson había escrito una nota, "en Texas las mujeres ni siquiera califican su propia lápida".[13]

Esto la hizo enfadar. Fue directo por el pasillo hasta la oficina de Wilson, lista para decirle lo que pensaba. Entró abruptamente a su oficina, para descubrir que él estaba recostado en su silla y con sus botas de vaquero sobre el escritorio. Wilson la saludó con una gran sonrisa y dijo, "hola, pastelito".

Schroeder entendió que tenía una opción. Podía leerle la ley contra el alboroto, pero ¿qué lograría con eso? En lugar de ello, respondió con más fuego: "para usted será congresista pastelito".

Wilson soltó a reír, se hicieron amigos y terminaron patrocinando leyes juntos.

Ahora, puedes estar pensando, *¿por qué Schroender no se descargó sobre él?* Pudo haberlo hecho, pero él habría seguido molestándola porque *funcionaba.* En lugar de eso, ella se portó a la altura, lo cual hizo que él la viera de otra forma, así que se hicieron aliados en lugar de ser enemigos.

No sugiero que te rías de comportamientos que realmente sean atroces. Hay momentos en los que es importante hacer retroceder si te están tratando de forma inapropiada. También hay momentos, como lo demostraron Pat Schroender y el joven alto, en los que puedes transformar la atención negativa en atención positiva con la gracia salvadora del humor.

Preguntas de acción:
convierte tus ja já's, en ajá's

Si no puedes reírte de eso, puedes vivir con eso.
Erma Bombeck, columnista de humor

1. Piensa en la situación que identificaste en tu Formulario W5.
2. ¿Podrías perder la atención de las personas si es implacablemente serio? ¿Cómo vas a aportar un alivio cómico?
3. ¿Qué ha sucedido a tu alrededor que te haya hecho reír a carcajadas? ¿Cómo puedes enganchar y enlazar eso con tu tema, de tal forma que las personas vean lo que dices de formas nuevas y más positivas.

PARTE III

INTRIGUE

T = EFICIENTE EN EL TIEMPO

Gana confianza haciendo uso eficiente del tiempo

Si no tienes nada que hacer, no lo hagas acá.

PÓSTER DE OFICINA

Una premisa de INTRIGUE es que las personas son impacientes crónicos.

Su reloj interno siempre está andando, así que debemos demostrar constantemente que, si nos prestan atención, están haciendo buen uso de su tiempo.

De lo contrario, en su mente pasarán a algo que sí lo sea.

Esta sección tiene una variedad de formas para mantener interacciones concisas y directas, de modo que las personas puedan confiar en que el tiempo y la atención dedicados a ti serán bien usados.

CAPÍTULO 10

Haz que sea breve
o lo lamentarás

Hagámonos cargo del elefante en la habitación.
"¡Oye, tú, elefante!".

GENE WEINGARTEN, HUMORISTA

¿SABES CUÁL ES el elefante en la habitación en todas las interacciones de negocios? La preocupación subyacente de "¿cuánto tiempo va a tardar?". Como dice un popular póster de oficina: "la oportunidad llama a la puerta. Las personas irrumpen". Cuando las personas irrumpen y no preguntan si es un momento apropiado, nos volvemos resentidos y ansiosos.

¿Ansiosos? Si, la *ansiedad* se define como "no saber". Si no *sabemos* por cuánto tiempo alguien quiere que prestemos atención, no prestamos atención. Estamos pensando: *¿No te das cuenta que me estás interrumpiendo? Apúrate. Tengo cosas que hacer.*

Es como la famosa caricatura de Bob Mankoff en el *New Yorker* que muestra a un ejecutivo hablando por teléfono y diciendo, "¿qué tal el jueves? ¿No? ¿Qué tal nunca? ¿Nunca está bien para ti?".

A partir de ahora, si quieres que te presten atención, antes de comenzar, pídeles una cantidad específica de tiempo y dales la amable sorpresa de pedir *menos* tiempo del esperado.

El secreto para motivar a otros a darte su valiosa atención

"Necesitamos un grupo de apoyo para habladores que no paran, lo llamaremos Anónimos sin parar."

PAULA POUNDSTONE, COMEDIANTE

Un empresario me dijo que iba rumbo a Inglaterra para presentar su aplicativo al Jefe de Tecnología (CTO) de los Olímpicos de Londres. Yo le dije: "qué gran oportunidad, Mike. ¿Cuánto tiempo tienes?".

"Una hora".

Yo le dije: "¿puedo darte un consejo, aunque no me lo hayas pedido? Puedes lograr que te compren haciendo que lo primero que digas sea: 'sé que solo tenemos una hora programada y también sé que le quedan 212 días de preparación para los juegos. Solo puedo imaginarme cuán llena debe estar su agenda. He reducido mi presentación a solo diez minutos. Si desea continuar con la conversación después de esos diez minutos, con gusto proseguiré'".

Él me dijo: "pero eso no es suficiente tiempo para explicar cómo funciona mi aplicación".

"Mike, ese CTO se encuentra bajo mucha presión, si te tomas más de diez minutos, de todas formas, no te va a estar prestando atención. Incluso puede molestarse contigo por impedirle atender sus otras prioridades. A ti te conviene ser breve, de tal forma que él *quiera* saber más".

¿Sientes curiosidad por el resto de la historia? El CTO no contrató la aplicación de Mike, dijo que no había suficiente tiempo para hacer que funcionara. Sin embargo, felicitó a Mike por su profesionalismo y le dijo que mantendría la puerta abierta para futuras oportunidades de negocios.

¿Cuál es el punto? Tomar menos tiempo del esperado no es una garantía de que lograrás el negocio, pero es una garantía de que tienes más probabilidades de lograr la atención favorable y la buena voluntad de las personas.

¿Cómo hacer que sea conciso y productivo?

El simple acto de prestar atención positiva
a otros tiene mucho que ver con la productividad.
Tom Peters, escritor

El ejecutivo de una empresa me contrató para trabajar con uno de sus ingenieros de proyectos. Me dijo: "Rick (no es su nombre real), conoce su trabajo, pero habla demasiado. Es como si patológicamente no tuviera la capacidad de explicarse. Sus reuniones se demoran tres veces más de lo necesario. Su equipo habla de él a sus espaldas. Esto está poniendo en riesgo su carrera. ¿Puedes ayudarlo a ser más conciso?".

Yo le dije: "entiendo que esto puede forjar o acabar una carrera. La buena noticia es que ser eficiente con el uso del tiempo es una habilidad que se puede aprender. Quiero empezar a trabajar pronto con él".

Media hora después de nuestra primera reunión, comprendí las preocupaciones del ejecutivo. Para mí fue claro que Rick estaba por todo el mapa porque no tenía mapa. Simplemente siguió hablando hasta que se quedó sin qué decir. En realidad, nunca se preguntó si lo que estaba diciendo era de valor o relevante.

Como era ingeniero, anticipé que respetaría las mediciones, así que comenzamos a aplicar límites numéricos a sus interacciones. Le dije: "piénsalo. Twitter solo usa 140 caracteres. No 141. 140. El mensaje no se puede enviar si es demasiado largo. Ese es el tipo de responsabilidad numérica que debes aplicar a todas tus comunicaciones a partir de ahora".

Rick era inteligente y no tardó en encontrar otros ejemplos de límites de tiempo y espacio. "Los Snapchats solo duran ocho segundos. Las charlas TED solo duran dieciocho minutos. Los Vines solo duran seis segundos. El blog de Seth Godin casi siempre tiene menos de doscientas palabras".

"Exacto. ¿Y conoces los correos electrónicos de Five-Sentence (Cinco Frases)? Ellos tienen una declaración que puedes copiar y pegar en la firma de tu correo electrónico para explicar tu política de enviar correos cortos. El ejecutivo promedio envía 43 correos al día y recibe 130, así que mantener tus correos cortos puede hacer una gran diferencia para que las personas opten por prestarles atención o no".

Las personas prestan más atención cuando eres concreto

Trato de dejar por fuera las partes que las personas se saltan.
ELMORE LEONARD, ESCRITOR

Le dije a Rick: "la belleza de poner límites de tiempo y espacio a tus comunicaciones es que te ayuda a ser responsable de dejar por fuera las partes que la gente se salta".

"Pero, ¿cómo sé qué conservar y que dejar por fuera?".

"Bueno, Guy Kawasaki, un gran proponente de los correos electrónicos cortos, dice que puedes equilibrar la brevedad con la amabilidad al proporcionar suficiente información que responda a estas cinco preguntas:

- ¿Quién eres?
- ¿Qué quieres?
- ¿Por qué me estás preguntando?
- ¿Por qué debería hacer lo que me estás pidiendo?
- ¿Cuál es el paso a seguir?".

Le pregunté a Rick, "¿Y qué tal las reuniones? ¿Tienes un tiempo límite?".

"En realidad no. Tomamos el tiempo que sea necesario para avanzar sobre la agenda y cubrir los objetivos".

"Oh no", dije. "¿Has escuchado hablar de la ley de Parkinson, que dice: 'Una tarea se extiende durante el tiempo que se le permita'? La ley de Horn es: 'las comunicaciones se extienden durante el tiempo que se les permite'. A partir de ahora, todos en tus reuniones, incluyéndote a ti, van a tener tres minutos, máximo, para informar sobre cualquier tema. Eso los obliga a todos a compartir solo lo crucial para la información del equipo. Las personas determinan si pueden confiar en nosotros, si cumplimos nuestras promesas o no. Así que nombra a alguien que cronometre el tiempo y diles que todos ustedes tienen muchas ocupaciones, así que, a partir de ahora, pueden confiar en que sus reuniones comenzarán y terminarán a tiempo, y que todos tienen que ser responsables con sus límites de tiempo".

Pon a tus comunicaciones una camiseta contra la ansiedad

Una fecha límite es una inspiración negativa.
Sin embargo, es mejor que no tener inspiración.
RITA MAE BROWN

Mientras Rick y yo hablábamos acerca de esto, nuestra área quedó bajo una impresionante tormenta eléctrica. En la distancia se veían los rayos y mi perra Murphy comenzó a estar inquieta y jadeante. Yo le dije, "discúlpame, Rick, debo ponerle una camiseta contra la ansiedad a Murphy. Ella entra en pánico con estas tormentas".

Rick vio cómo le ponía la camiseta contra la ansiedad y la ajustaba con el velcro. Él me preguntó: "¿cómo funciona eso?".

"Bueno, es como envolver a un bebé. Los bebés se sienten inseguros cuando se están moviendo, porque el mundo parece interminable. Pero cuando los envuelves cómodamente en una cobija, su mundo se siente finito, seguro y similar al vientre de la madre. Funciona igual con Murhpy. Tan pronto se siente envuelta en una camiseta antiansiedad, su energía se contiene y confina, por eso se calma".

Rick comenzó a reír y dijo, "Sam, eso es lo que estamos haciendo. Le estamos poniendo una camiseta antiansiedad a mis reuniones y correos electrónicos. Estamos envolviendo mis comunicaciones".

Envuelve tus comunicaciones

Cuando se ve obligada a trabajar dentro de un marco estrecho, la imaginación es llevada al máximo y produce las más ricas ideas. Cuando se le da total libertad, el trabajo tiende a extenderse.

T. S. ELLIOT, POETA

Rick y yo tuvimos una conversación fascinante durante el almuerzo acerca de su nuevo compromiso para "ser conciso". Nuestra discusión ha tenido un impacto duradero en mí. Si "estoy rondando y moviéndome por todas partes", entiendo que mis comunicaciones no tienen un fin definido, así que necesito envolverlas. El asumir plazos ajustados y límites de tiempo estrechos me obliga a hacer que "cada palabra comunique".

Por ejemplo, puse una camisa antiansiedad de diez páginas para estos capítulos. Eso cambió mi mentalidad de edición. La pregunta operativa ya no era "¿es este un ejemplo o perspectiva intrigante?", si no "¿ya superé mi límite de diez páginas? Si así es, tengo que eliminar algo".

La verdad es que, aunque algo pueda ser muy importante, nadie se lo perderá si no lo incluimos.

Ha sido divertido escuchar cómo los clientes están ejecutando esta idea de envolver sus comunicaciones. El ejecutivo de una asociación me dijo: "no puedo esperar a proponerle esto a nuestra junta. Hemos tenido problemas consiguiendo voluntarios para los comités y creo que sé por qué. Hay demasiado compromiso indefinido. Las personas no se quieren comprometer a hacer algo cuando no saben cuánto tiempo va a tomar. O están cansadas de reuniones en las que todos desgastan sus ruedas y no se hace nada. Voy a recomendar que pongamos una camisa antiansiedad sobre los requisitos de tiempo. Si prometemos que solo habrá una reunión de comité al mes (salvo para el mes previo a nuestra convención), creo que tendremos más miembros vinculándose y comprometiéndose a participar. Y si nos comprometemos a comenzar y terminar a tiempo, y hacer que cada reunión dure menos de noventa minutos, eso hará que el trabajo sea más atractivo para los voluntarios".

¿Por qué no somos concisos?

Cada palabra debe informar.
WILLIAM STRUNK JR. Y E. B. WHITE, AUTORES DE THE
ELEMENTS OF STYLE

Quizás te estés preguntando: si estamos de acuerdo con que el ser concisos es la mejor manera de capturar y mantener la atención de las personas, ¿por qué no lo hacemos más seguido?

Buena pregunta. Un gerente de proyectos de Intrigue Agency, Mo Sahoo, tiene una teoría respecto a por qué es difícil ser concisos. Él dice: "a los estudiantes se les penaliza por ir directo al punto en la escuela. Si el maestro te da una tarea de veinte páginas, es mejor que entregues veinte páginas. Si entregas menos, tienes una calificación reducida. No importa si tus diez páginas son brillantes y mejores que las veinte de todos los demás. No 'completaste' la tarea. Hemos sido entrenados para ser maestros del 'relleno' y nos premian por demorarnos lo que más podamos para llegar al punto".

Mo tiene razón. Nos enseñaron a valorar la cantidad. Y, desde luego, el comportamiento que ha sido premiado se repite, así que muchos de nosotros seguimos percibiendo que la cantidad es una muestra de "haber hecho nuestra tarea".

Si quieres la atención de los demás en la cultura actual de BTF (baja tolerancia a la frustración), te conviene invertir la creencia de que más es mejor. Si te extiendes, estás fuera. El amontonar solo funciona en el rugby. Recuerda que nadie se va a enfadar contigo por tomar menos tiempo del esperado. Si quieren mayor información, te la pedirán. A partir de ahora, entre más corto, mejor.

Preguntas de acción:
haz que sea breve o lo lamentarás

¿Alguien en realidad sabe qué hora es?
¿Le importará realmente a alguien?
ROBERT LAMM, LETRISTA, CHICAGO

1. ¿Cuánto tiempo está programado para la comunicación de tu Formulario W5? ¿Puedes pedir el tiempo y la atención de otros por un espacio de tiempo corto, de tal forma que se sientan motivados a dártelo?
2. ¿Podrías dar la agradable sorpresa de decir: "me imagino lo ocupado que estás, así que he reducido mi _____ a _____" (menos tiempo del esperado)?
3. ¿Cómo vas a envolver y poner una camisa antiansiedad a tus comunicaciones para ganar confianza por hacer uso efectivo del tiempo? ¿Pondrás límites medibles a tus correos electrónicos y reuniones de tal forma que constituyan un uso productivo de la atención de otros? ¿Usarás correos electrónicos de cinco oraciones? ¿Te darás a ti y a los miembros de tu equipo tres minutos para presentar informes, de tal forma que las reuniones comiencen y terminen a tiempo?

PARTE IV

INTRIGUE

R = REPETIBLE

Si las personas no lo pueden repetir, es porque no lo entendieron

La verdadera comunicación no es lo que dices.
Es lo que el receptor se lleva.
Tom Monahan, ENTRENADOR EN CREATIVIDAD

No es suficiente con ganar la atención de las personas en el momento.

Tu objetivo es seguir captando la atención de los demás en los momentos (y meses) posteriores.

La meta es que la gente quede tan intrigada contigo, tu idea y lo que ofreces, que por voluntad propia elijan compartirlo con otros, dándote así una larga estela de influencia.

Esta sección muestra cómo organizar comunicaciones duraderas para que tú y tu mensaje permanezcan en la mente y no fuera de la vista y fuera de la mente.

CAPÍTULO 11

Crea una frase
que pegue

Si ves algo, di algo.

Campaña de seguridad para la Autoridad
Metropolitana de Tránsito

GARRY MARSHAL, EL director de la película Mujer Bonita (que ha generado ingresos por más de $463 millones de dólares en todo el mundo), dijo algo tan profundo durante su discurso en la Conferencia de Escritores de Maui, que lo recuerdo como si lo hubiera dicho hoy por la mañana. Él dijo: "los directores de Hollywood pueden predecir cuándo sus películas van a generar dinero. La pregunta es, '¿las personas salen del teatro repitiendo al pie de la letra algo que escucharon?'".

Piénsalo. Si sales de una película repitiendo voluntariamente su frase característica (por ejemplo, "alégrame el día", "volveré", o "muéstrame el dinero") lo estás volviendo viral. Si alguien te pregunta, "¿has visto alguna buena película recientemente?" hablarás acerca de esa película de una forma que motive a otros a querer verla. Te has convertido en un publicista de voz a voz, todo porque el escritor del guion creó una frase pegajosa que pega y que se quedó en tu cabeza.

La perspectiva de Garry Marshall respecto al poder de una frase característica memorable se aplica a todas las interacciones, ya sea en el escenario, en una página o en Internet. ¿Cuando otros vean tu video, lean tu artículo o miren tu página de Internet podrán repetir al pie de la letra cualquier cosa que hayan leído o que hayas dicho?

De no ser así, lo que dijiste no causó ninguna impresión duradera. No tuvo el poder de atención duradera. Si quieres que tu mensaje mantenga la atención de los demás con el paso del tiempo, crea una frase que pegue y que ellos voluntariamente repitan y re-twitteen.

¿Qué es una frase que pega?

No importa cuál sea el mensaje que estás por presentar...
la meta siempre es establecer un espacio en común.
MADELEINE ALBRIGHT, EXSECRETARIA DE ESTADO
DE LOS ESTADOS UNIDOS

¿Qué es una frase que pega? Es una frase característica que resuena y es fácil de repetir. La palabra *resuena* significa "tener un efecto extendido o impacto más allá de lo aparente". Eso es lo que quieres. En lugar de que tus palabras entren por un oído y salgan por el otro, te conviene tener una frase que cree una conexión con las personas y cree algo en común. Una frase que pega también:

- Resume concretamente el mensaje que quieres que recuerden.
- En ocho palabras o menos, decanta la acción que quieres que las personas tomen.
- Resuena con tu audiencia, de modo que ellos la comparten con otros, volviéndola viral.
- Funciona como un título que se puede comercializar y hacer rentable para crear utilidad financiera.

Las palabras correctas dichas en el momento indicado no solo captan la atención de los distraídos, sino que también cambian vidas para bien. El conmovedor himno que Nikki

Giovanni otorgó a la perturbada comunidad de Riginia Tech
así lo demostró.

Conecta a las personas con las palabras correctas en el momento correcto

Encuentro esperanza en los días más oscuros,
me concentro en los más brillantes.
DALAI LAMA, GANADOR DEL PREMIO NOBEL DE PAZ

El 16 de abril de 1007, un trastornado joven deambuló
por el campus y los pasillos de Virginia Tech con dos pistolas.
Terminó asesinando a 32 personas e hiriendo a diecisiete más
antes de acabar con su propia vida.

Como puedes imaginar, este fue un evento devastador para
los estudiantes de esta universidad, sus profesores, trabajadores
y familiares. Mis dos hijos, Tom y Andrew, se encontraban en
el campus el día que esto sucedió. Afortunadamente, ellos estaban bien. Al día siguiente, llamaron a casa para hablar acerca
del inspirador servicio de conmemoración que se había reali-
zado en el Coliseo Cassell del campus. Los primeros oradores
hablaron acerca del horror, la tragedia, la pesadilla llevando a
todos los presentes en un espiral aún más oscuro de desespero.

Luego, la profesora de Vtm Nikki Giovanni se puso de
pie para hablar. Siendo poetiza, Nukki entendía el poder de
las palabras correctas en el momento indicado para llevar a
la gente de un sentido de desespero hacia un sentimiento de
esperanza. Con voz fuerte y segura, compartió un poema que
había escrito la noche anterior, el cual incluía lo siguiente:

Seguiremos inventando el futuro

En medio de nuestra sangre y nuestras lágrimas

En medio de toda esta tristeza

Somos los Hokies (nombre de los equipos deportivos de Virginia Tech)

Prevaleceremos

Prevaleceremos

Prevaleceremos

Somos Virginia Tech. [14]

Tom y Andrew me dijeron: "todos los asistentes se pusieron de pie y comenzaron a corear junto como ella, "somos Virginia Tech, prevaleceremos". Nikki Giovanny transformó el ánimo del grupo al reafirmar lo que había sucedido y enfocarlos hacia el futuro.

Las palabras de Nikki Giovanny no se quedaron ahí. Su grito de guerra lo adoptaron los comerciantes de la ciudad quienes fijaron estandartes en sus ventanas que decían "somos Virginia Tech, prevaleceremos". Los estudiantes y los profesores comenzaron a usar brazaletes con el mismo mantra, como un recordatorio para concentrarse en lo que podían hacer en lugar de lo que no. Esas palabras elevaron el espíritu de las personas, los unieron como comunidad y las impulsaron a avanzar.

Cinco pasos para crear un grito de guerra

Sé que los libros que he escrito seguirán resonando en cincuenta años. Siento firmemente que, como novelista, tienes una plataforma y la capacidad de cambiar las mentes de las personas.
JODI PICOULT, ESCRITORA

¿Estás pensando "*yo no soy Nikki Giovanny, cómo puedo crear frases que tengan esa clase de impacto?*"?

No tienes que ser un escritor de novelas, poeta o conocedor de las palabras para crear un grito de guerra que perdure y cambie los sentimientos y las acciones de los demás. Cada vez que te comunicas, tienes una oportunidad de presentar algo que influencia de manera positiva a otros. Sé que suena idealista, pero también es realista.

Durante veinte años, he tenido el privilegio de entrenar personas para que sean más concretas y atrayentes, he sido testigo de la dramática diferencia que puede hacer el invertir esfuerzos para crear un grito de guerra y llamado a la acción que sea memorable. Los siguientes cinco criterios pueden ayudarte a crear una frase que pegue, la cual reforzará tu mensaje y tendrá eco en las personas por mucho tiempo.

1. Decanta: condensa tu llamado a la acción en ocho palabras o menos

¿Qué deseas que las personas recuerden, sientan, inicien o detentan? Si como resultado de tu mensaje tan solo hicieran una cosa diferente, ¿cuál quisieras que fuera? Condensa esto en una sola frase con un verbo que impulse a las personas a tomar la acción deseada. Edítala a tan solo ocho o menos palabras.

2. Ritmo: haz que tus palabras tengan ritmo para que sean fáciles de repetir

Imagina que tu frase que pega es como un rompecabezas. Las palabras no encajan al comienzo, pero, si las pronuncias en voz alta mientras experimentas con diferentes combinaciones, caerán en su lugar y sonarán *bien*. Di en voz alta: "si ves algo, di algo". ¿Sientes cuán fácil estas palabras ruedan por tu lengua? Sigue jugando con variaciones hasta que tus oídos te digan que has encontrado la combinación perfecta, porque no le cambiarías nada.

Cuando logres que otros repitan tu mensaje con facilidad y divirtiéndose, ellos se sentirán motivados a hacerlo notar a otros, lo cual producirá resultados de fondo para ti y para tu prioridad. La revista *This Week* informó que el lema "lo que sucede en Las Vegas, se queda en Las Vegas" es "una de las campañas publicitarias más citadas, comentadas y reconocidas de cualquier industria"[15] y ha generado *billones* de dólares en utilidades adicionales. Esa frase que pega sí ha pegado.

3. Aliteración: Usa palabras que comiencen con el mismo sonido

¿Alguna vez as usado esos "protectores aislantes de cartón" alrededor de una taza de café caliente para no quemarte los dedos? El empresario Jay Sorenson vio una oportunidad. Él sabía que es difícil construir una empresa en torno a un nombre impronunciable y que las aliteraciones hacen que las cosas sean fáciles de recordar. Así que a su producto le dio el nombre de *Java Jackets* y arrinconó el mercado. De hecho, dice, "clientes que querían llamar a nuestra competencia nos llamaban porque no podían recordar el nombre de nuestros competidores".

¿No sería excelente que las personas te llamen porque recuerdan tu nombre? ¿No sería agradable que las personas hicieran viral tu mensaje porque es divertido repetirlo y retuitearlo? Si usas palabras que comienzan con el mismo sonido, aumentarás las posibilidades de que esto suceda.

4. Rima: usa la rima si quieres que te recuerden con el paso del tiempo

El gobierno de los Estados Unidos estaba preocupado con respecto a la cantidad de lesiones en accidentes automovilísticos. Así que lanzar una campaña de servicio público para convencer a las personas de usar su cinturón de seguridad. ¿El nombre? *Cinturón por seguridad.* ¡Vaya! Vuelvan a la mesa de dibujo.

Sam Horn — 123

En su segunda oportunidad, incorporaron rima y ritmo. ¿La icónica frase Abróchalo o Multado (Click It or Ticket en inglés) te suena familiar? Esta intrigante frase no solo atrajo la atención de las personas, sino que el cumplimiento a la norma *aumentó* y las lesiones *disminuyeron*,[16] demostrando que una frase que pega bien creada, no solo consiste en "semántica tonta", sino que puede cambiar para bien el comportamiento. Incluso puede cambiar y salvar vidas.

5. Pausa y golpe: presenta tu frase que pegue con una inflexión distintiva

Asegúrate de no correr ni sonrojarte cuando presentes tu grito de guerra. Los nervios suelen hacer que las personas corran con sus comunicaciones más importantes. Inconscientemente están tratando "terminar con" la presentación. Sin embargo, nadie recordará tu grito de guerra si queda enterrado en un bombardeo.

Arthur Levine, editor de J. K. Rowling (autora de la serie de *Harry Potter*), me escuchó como maestra de ceremonias en un evento y dijo: "Sam, me gusta como hablas. Pones *espacio* alrededor de las palabras".

Cuando sea tiempo de presentar tu gran idea, pon... espacio... alrededor de tus palabras. Haz una pausa hasta que todos estén esperando... preséntala... luego haz una pausa por otros tres segundos, de modo que las personas le den toda su atención y tengan tiempo para absorberla y grabarla.

Otra forma de asegurarte de que tu frase que pega se destaca es:

- Dirige la atención hacia ella "el hallazgo más sorprendente de nuestra investigación fue..."
- Di: "por favor escriban esto para que lo puedan compartir con su equipo..."

- ◆ Resáltalo verbalmente con: "lo más importante que he aprendido es..."
- ◆ Ponlo bajo la luz con "si espero que recuerden algo de mi presentación hoy, es esto...".

Si haces una *pausa* antes de tu frase que pega, *dale* fuerza articulando cada sílaba y luego has una pausa durante tres segundos más, así las personas podrán repetirla después de oírla una vez.

¿Escribir? Pon tu frase que pegue en un párrafo de una línea, de modo que salte de la página.

Por favor, entiende que acuñar una frase que pega, que tenga ritmo, aliteración y rima no es algo trivial. Puede hacer que las personas recuerden, compartan y actúen en consecuencia a lo que te interesa.

El siguiente es un último ejemplo de todas las cosas buenas que pueden suceder si decantas tu sabiduría hasta tener un mensaje de legado que aumente la atención y el impacto del mismo.

¿Tu mensaje dejará un legado?

No puedo ser solo la que cantó:
"besé a una chica". Tengo que dejar un legado.
KATY PERRY, CANTANTE

Katy tiene razón. Todos esperamos hacer una diferencia, sentir que hemos dejado un legado que aporte valor de forma duradera. Neil Gaiman, el orador de la ceremonia de graduación del año 2012 en la Universidad de Artes de Pennsylvania, lo hizo con una charla muy perspicaz y tres palabras elegidas con mucho cuidado.

Gaiman les dijo a los asistentes que, muy temprano en su carrera profesional, el autor de libros éxito en ventas, Stepehn King, lo contactó para decirle: "Esto es muy bueno. Deberías disfrutarlo".

Neil les confesó a los graduandos: "Pero no lo disfruté... Durante los siguientes catorce años no hubo un momento en el que no estuviera escribiendo algo en mi cabeza o preguntándome al respecto. Y no me detenía a mirar al rededor y decir *esto es muy divertido...* Hubo partes del recorrido que me perdí porque estaba muy preocupado porque las cosas iban mal... Les deseo suerte... sean sabios... Al partir del mundo, déjenlo siendo un poco más interesante solo por haber estado en él. *Hagan buen arte*".[17]

Más de un millón de personas vieron el reconocimiento que hizo Gaiman y el consejo de tres palabras para que hicieran buen arte, y fue convertido en un libro éxito en ventas titulado, *Make Good Art* (*Haz buen arte*). Todo porque Gaiman cristalizó sus lecciones más importantes en un mensaje de legado que es concreto, repetible y que perdurará después de él.[18]

Pongámoslo en perspectiva. ¿A cuántas graduaciones has asistido? ¿Recuerdas *algo* de lo que se dijo? Si no lo recuerdas, es porque esto tuvo poco o ningún impacto. Quizás la norma es que las personas olviden lo que se haya dicho. Pero, ¿por qué conformarse con la norma? ¿Por qué no ser como Neil Gaiman y crear un mensaje significativo que sea recordado?

Al autor Leo Rosten dijo: "el propósito de la vida es importar, sentir que el hecho de haber vivido ha hecho una diferencia". Si quieres que tu mensaje haba más que solo captar la atención de las personas, si quieres que importe, entonces dedica tiempo a crear una frase memorable que pegue y que motive a otros a hacer algo diferente, de modo que puedan cosechar valor real gracias a tu trabajo.

Preguntas de acción:
crea una frase que pegue

Los recuerdos de nuestros actos y obras perdurarán en otros.
Rosa Parks, pionera de los derechos civiles

1. ¿Al ver tu formulario W5, has desarrollado una frase que pegue que sea significativa y que resuene, de tal forma que perdure, se haga viral y siga impactando a otros? ¿Cómo es esa frase?
2. Prueba cuán fácil de recordar es tu mensaje haciéndole esta pregunta alguien de tu confianza: "¿qué recuerdas de esto?". Si no pueden repetir algo palabra por palabra, esto quiere decir que tú y tu mensaje estarán fuera de la vista y fuera de la mente. Vuelvan a la mesa de dibujo. En esta ocasión, usa ritmo, aliteración, inflexión y rimas, de tal forma que permanezca en la mente.

PARTE V

INTRIGUE

I =INTERACTÚA

No te limites a informar, INTERACTÚA

Ninguno de nosotros es tan listo como todos nosotros.
PROVERBIO JAPONÉS

Una de las premisas de este libro es que las personas que crecieron con la Internet están acostumbradas a controlar y a personalizar su "experiencia de usuario".

Más que informarse, quieren involucrarse.

No solo quieren descargas de lo que conocemos; quieren oportunidades para interactuar y compartir lo que saben.

Es tiempo de interrumpir las jerarquías tradicionales que en la mente dictan: "yo estoy a cargo, tú no".

El orador o presidente de la reunión no es el único experto en la sala.

En la medida que creemos una comunidad en la que todos tengan la oportunidad de crear conexiones, aportar y personalizar sus experiencias, las personas se sentirán intrigadas, comprometidas e involucradas.

Esta sección presenta una variedad de formas para hacer esto, al convertir las comunicaciones de una vía en interacciones de doble vía.

CAPÍTULO 12

Nunca vuelvas a dar
un discurso de ascensor

En este mundo hay dos clases de personas.
Los que entran a un recinto y dicen: "aquí estoy"
y los que entran a un recito y dicen "ahí estás".

ANN LANDERS, COLUMNISTA DE CONSEJOS

UN EJECUTIVO DE TI se me acercó antes de un programa y dijo: Te voy a decir algo que no le he dicho a muchos. Soy introvertido. Todo el tiempo asisto a conferencias como esta, pero a menudo evito las cenas y recepciones en grupos, porque no tengo paciencia para las conversaciones superficiales".

"No estás solo. Una colega, Jennifer Kahnweiler, escribió un excelente libro sobre ese tema, se titula *The Introverted Leader (El líder introvertido)*. Ella cree que hay muchos profesionales que son introvertidos dentro del closet, que, al estar en entornos sociales y eventos de creación de redes, están fuera de lugar.

Él me dijo: "otra razón por la cual no disfruto reunirme con otras personas es que nunca puedo explicar lo que hago de una forma que lo entiendan. Siempre es muy incómodo".

Le pregunte: "¿te gustaría hacer una sesión de ideas para encontrar una nueva manera de presentarte que no sea embarazosa, que de verdad lleve a una conversación intrigante y una conexión significativa?".

"¿Es esa una pregunta retórica?", dijo él.

Yo le dije, "a partir de ahora, cuando alguien te pregunte '¿a qué te dedicas?', no les digas. Eso es como tratar de explicar la electricidad. En lugar de eso, diles de qué manera ellos han experimentado los resultados de lo que haces. ¿Cuáles *son* los resultados que otros pueden ver, oler, gustar y tocar?

Él lo pensó por un momento y mencionó tarjetas de crédito, compras por Internet y computadoras. Esto encendió una luz en mi mente. "¿Tú haces el software que hace que sea seguro hacer compras por Internet?".

Él se iluminó. "¡Sí! Eso es exactamente lo que hago".

"No le digas eso a la gente. Si dices: 'yo desarrollo el software que permite hacer compras por Internet de forma segura", las personas dirán: 'ah', y esto pondrá fin a la conversación. Pero no quieres terminar la conversación. Quieres encenderla".

"¿Entonces qué digo?".

"Di: '¿alguna vez tú o un amigo o familiar ha comprado algo por Internet, como en iTunes, Travelocity o Amazon?' Acabas de aumentar las posibilidades de que conozcan a alguien que haya experimentado lo que haces. Quizás digan: 'yo nunca compro en línea, pero mi esposa todo el tiempo está en Amazon. A ella le encantan los envíos gratis'.

"Confirma esa conexión con 'bueno, nuestra empresa hace el software que hace que para tu esposa sea seguro comprar por Amazon'. Ellos no solo entenderán lo que haces, sino que se relacionarán con lo que haces e incluso podrían decírselo a otros. Todo en sesenta segundos y una conversación, no un monólogo".

Él de hecho casi llora de la emoción y dijo: "no puedo esperar a llegar a casa después de este evento".

"¿Por qué?".

"Al fin tengo una manera de decirle a mi hijo de ocho años lo que hago de modo que lo pueda entender".

Comprende qué es lo que las personas quieren cuando preguntan "¿a qué te dedicas?"

Ya no se trata de ti. De hecho, nunca fue así.

DIANE KEATON, ACTRIZ

Su relato acerca de lo que había significado para él poder establecer una conexión con su hijo es un recordatorio de que este tema no es superficial, sino profundo. Ya sea que nos guste o no, a donde sea que vayamos, las personas nos van a preguntar: "¿a qué te dedicas?". Lo que debemos entender es que en realidad no están tratando de saber cuál es nuestro trabajo, sino que están tratando de identificar qué tenemos en común, para así tener un punto de partida para tener una conversación que sea interesante para ambos.

Por esta razón, a partir de ahora, nunca vuelvas a dar un discurso de elevador. ¿Sabes que a nadie le gusta escuchar *discursos?* Un discurso de elevador es un monólogo que se presenta ante unos testigos. Una conversación de elevador es un diálogo que conduce a una conexión significativa.

Esta fue toda una epifanía para un participante de mi taller *Hazle ¡POP! a tu comunicación*, en la conferencia INC 500/5000. Estábamos sugiriendo ideas para conversaciones de elevador y le pregunté a Colleen quien había sido nombrada empresaria del año en su estado, "¿a qué te dedicas?".

Dos minutos después, ninguno de nosotros podía hacerse a una idea de lo que hacía, y ella era la Directora Ejecutiva. Piensa en los millones de dólares en costos por oportunidades perdidas. Ella estaba rodeada de empresarios exitosos, pero ninguno de nosotros la recordaría, la referenciaría, ni se le acercaría después de la reunión para explorar alguna alianza.

Luego pregunté: "¿cuáles son los *resultados en el mundo real* de lo que haces, que podamos ver, oler, gustar o tocar?".

Ella dijo: "dirijo instalaciones médicas que ofrecen capturas de imagen por resonancia magnética y tomografía computarizada".

"Eso es bueno, porque es algo real; podemos *ver* de qué estás hablando. Pero no te detengas ahí, porque todavía no hemos creado una conexión personal. Convierte esa descripción en una pregunta de tres partes: '¿Alguna vez tú, un amigo o familiar ha tenido que hacerse una resonancia magnética o una tomografía?'".

"¿Qué importancia tiene esta pregunta de tres partes?".

"Si preguntas, '¿alguna vez *te* has practicado una resonancia magnética o una tomografía?' y tu interlocutor no ha tenido que hacerlo, entonces has llegado a una calle cerrada con la conversación. Las preguntas de tres partes aumentan las probabilidades de que la persona conozca a alguien que esté familiarizado o se haya beneficiado de lo que tú o tu organización hacen.

Imagina que la otra persona diga: "si, mi hija se lastimó una rodilla jugando fútbol". Tuvimos que hacerle una resonancia magnética". Esto enlaza lo que haces con lo que la persona acaba de decir. "Bueno, yo dirijo las instalaciones médicas que ofrecen los servicios de resonancia magnética como la que tuviste que hacerle a tu hija cuando se lastimó la rodilla jugando fútbol".

Probablemente digan: "ooh". Créeme, un "ooh" intrigado es mucho mejor que un "¡¿cómo?!" confundido o un apático "ah". Al relacionarse con lo que haces, es más probable que te recuerden y, si alguna vez necesitan una imagen de resonancia magnética o una tomografía, es probable que te contacten porque a las personas les gusta hacer negocios con quienes conocen y les agradan.

¿Cómo te estás relacionando con otros?

*Las personas responden de acuerdo con la forma
como te relacionas con ellas.*

Nelson Mandela, activista

Un rápido e ingenioso joven de más de veinte años nos demostró cuán rápido puedes hacer una conexión si haces una pregunta en lugar de tratar de explicar algo complicado.

Me encontraba en una gira de conferencias con mis hijos, quienes en ese entonces eran adolescentes. Teníamos una noche libre en Denver, así que bajamos a la recepción del hotel para preguntarle al conserje "¿qué nos sugieres?".

Él miró a Tom y a Andrew y dijo: "ustedes deben ir a D & B's".

En aquél entonces, vivíamos en Maui y nunca habíamos oído hablar de D & B's. Así que le preguntamos "¿qué es eso?".

Por instinto, sin duda, sabía que tratar de explicarlo habría sido una causa perdida. Si hubiese dicho: "bueno es algo como un bar de deportes, pero también es un parque de diversiones bajo techo con un restaurante y mesas de billar y juegos de video y líneas de bolos", nos habría perdido desde el comienzo.

Pero, en lugar de eso, hizo una pregunta de evaluación: "¿alguna vez han ido a Chuck E. Cheese?".

Mis hijos asintieron con entusiasmo: "es uno de nuestros lugares favoritos".

Él sonrió y dijo: "D & B's *es como un Chuck E. Cheese para adultos*".

¡Bingo! Solo diez segundos y sabíamos qué era y queríamos ir allá. Deberían darle comisión a este chico.

¿Qué haces tú y tus compañeros de trabajo cuando les preguntan "a qué te dedicas"? ¿Tus respuestas generan ceños fruncidos? De ser así, estás perdiendo oportunidades para crear

relaciones mutuamente gratificantes para ti y tu organización.
Haz que tu próxima reunión de equipo sea una sesión de ideas
en la que todos tengan oportunidades para desarrollar una variedad de formas de presentarse, de tal modo que las personas
se relacionen con lo que haces, y quieran continuar con la
conversación.

Preguntas de acción: nunca vuelvas a dar un discurso de ascensor

> *Todo consiste en prestar atención.*
> *La atención es vitalidad.*
> *Te conecta con otros.*
> *Te hace estar a la expectativa.*
> *Permanecer a la expectativa.*
> SUSAN SONTAG, ESCRITORA

1. ¿Cómo vas a convertir un discurso de elevador de una
   vía en introducciones de elevador de doble vía, que
   transformen el monólogo en un diálogo? ¿Cómo puedes expresar los resultados de lo que haces en una pregunta de tres partes para darles a otros la oportunidad
   de compartir cómo ellos, o alguien que conocen, puede
   haberse beneficiado con tu trabajo?
2. ¿Cómo puedes recordarte a ti mismo que debes escuchar lo que otros dicen y luego conectar lo que haces
   con lo que acaban de decir, de modo que puedas con-
   firmar la conexión y crear una conversación intrigante?

CAPÍTULO 13

Crea conversaciones que sean mutuamente gratificantes

Puedes hacer más amigos en dos meses si te interesas en otros que los que puedes hacer en dos años tratado de hacer que los demás se interesen en ti.
DALE CARNEGIE, ESCRITOR

UNA CLIENTE ME llamó para decirme que iba a asistir a una reunión de directores ejecutivos de alto poder en el Tower Club de Tysons Corner y quería saber si podía ayudarla en su preparación. ¡¿Poder?!

María es una asesora financiera que da talleres de administración del dinero a grandes corporaciones. Ella me dijo: "Sam, no conozco a ninguno de los asistentes. En realidad, este grupo me intimida un poco, y quiero sacar el mayor provecho de esta oportunidad en lugar de terminar siendo un asistente más en una esquina".

Yo le dije: "Hecho. Consigue una copia de la edición enero-febrero de 2012 del *Harvard Business Review,* la cual contiene 'La economía del bienestar'. Tiene artículos que presentan indicativos sobre cómo las 'habilidades sociales' benefician los resultados finales.[19] Ellos citan investigaciones que han demostrado que, cuando más felices están las personas con sus finanzas y su salud, mayor es su moral, desempeño y productividad".

"¿Me estás sugiriendo que lleve esa revista al Tower Club?".

"Tenla en tu cartera, pero no la saques a menos que sea apropiado. Cuando entres, mira al rededor y busca un grupo pequeño al que te gustaría unirte, gente que parezca estar disfrutando de la compañía mutua, pero que no estén teniendo una conversación privada. Acércate y detente a la distancia de un brazo".

"¿Por qué a la distancia de un brazo?".

"¿Porque no quieres entrar en 'su espacio' sin preguntar primero. Si te paras ahí con una expresión amable en tu rostro, la persona que esté hablando o la persona más cercana a ti te va a mirar, lo cual será una oportunidad para decir: '¿está bien si escucho?'".

Esta es una forma diplomática de hacerles saber que no les estás aguando la fiesta, estás pidiendo permiso. En todos los años que llevo haciendo esto, nadie nunca ha dicho '¡no!'.

Luego espera tu turno hasta que puedas aportar valor a lo que se está diciendo. Si alguien habla sobre desempeño laboral, puedes decir: 'alguno de ustedes leyó la edición doble de enero-febrero del *Harvard Business Review*?'.

Algunos podrán decir: 'le di una copia a todos mis gerentes', a lo cual podrás decir '¿no te pareció excelente? ¿Qué es lo más interesante que encontraste en esa edición?'. Si nadie la ha leído, habla sobre alguna cita intrigante o hallazgo que se relacione con lo que están hablando".

María dijo: "bien, lo intentaré".

Una semana después, recibí una llamada telefónica de María muy emocionada. "Sam, ¡se pelaron por mí! Hice justo lo que dijiste. Cuando fue el momento de la cena, uno de ellos me preguntó si quería sentarme con él en su mesa. Otra persona del grupo dijo: 'oye, yo fui el que dijo que podía escuchar'". ¿No es genial cuando un plan da resultado?

No te intimides, sé intrigante

Quizás todos en el condenado mundo
tengan miedolos unos de los otros.
JOHN STEINBECK, ESCRITOR

Un ingeniero me dijo una vez: "cuando era niño, no podía esperar a crecer, porque creía que la confianza llegaba con el territorio. Cuando llegué a ser adulto, pensé que nunca más me sentiría inseguro o preocupado de hablar con cualquier persona. Estaba equivocado. ¿Dónde puedo conseguir una píldora para la confianza?".

Yo le dije: "La píldora para la confianza la consigues abordando las conversaciones como si fueras un periodista dedicado. Los periodistas no tienen miedo de conocer a nadie, porque ellos saben cómo evadir conversaciones superficiales e involucrar genuinamente a las personas. Ellos hacen preguntas de información, escuchan con intención a lo que se dice y hacen más preguntas relacionadas para llegar al corazón del asunto".

Él dijo: "suena genial, ¿pero cómo puedo hacerlo?".

Las siguientes son cuatro sugerencias que le di en cuanto a cómo sobreponerse a los temas típicos (que nadie encuentra intrigantes) y crear conversaciones y conexiones significativas.

1. Olvídate de las introducciones comunes

Las preguntas superficiales obtienen respuestas superficiales. Intenta con "¿en qué estás trabajando ahora que realmente te emocione?" o "¿qué haces los fines de semana?".

2. Pide consejo

Malcom Forbes, el fundador de la revista que lleva su nombre, dijo: "para llegar al corazón de un hombre, lo haces por medio de su opinión". Para llegar al corazón de cualquier persona, lo haces por medio de su consejo. Si preguntas "¿qué me sugieres?", estás enviando un mensaje que implícitamente dice *"tú tienes sabiduría que puedes compartir y yo la aprecio"*. En lugar de hablar de trivialidades, avanzas hacia un intercambio productivo.

3. Usa la palabra mágica: "dime"

Muchas personas inician conversaciones con preguntas cerradas que relegan a la otra persona a dar respuestas de una sola palabra.

"¿Disfrutaste la reunión de la Cámara de Comercio?". "Sí".

La palabra 'dime' transforma un intercambio "superficial" en una conversación más profunda y significativa en la que de verdad llegas a conocer a alguien.

"No pude estar en la reunión de la Cámara de Comercio. ¿Podrías decirme cómo fue?".

4. Devuelve más conversaciones que las que recibes

Siempre que alguien termina de hablar, tienes dos opciones. O *recibes* la conversación con una declaración "yo" o la *devuelves* con una pregunta "tú". Si de manera consistente *recibes* las conversaciones, lo que haces es quitarle el viento de las velas de la conversación a la otra persona.

Por ejemplo: "¿quién es el presidente actual de la Cámara?". "Judy Gray".

"Oh, conozco a Judy. Ella vive en nuestro vecindario. Siempre recuerdo aquella vez en la que..."

Suspiro... Las declaraciones "yo" mantienen la atención enfocada sobre lo que sentimos, pensamos, conocemos o hemos hecho.

Siente la diferencia cuando *devuelves* la conversación con una pregunta "tú".

"Oh, Judy es la presidenta. ¿Cuáles son sus metas para la Cámara este año?".

Las preguntas "tú" mantienen la atención enfocada en la *otra persona*. Las personas sentirán que de verdad estás interesado en conocerlas porque de hecho lo *estás*.

Crea conversaciones intrigantes que saquen lo mejor de ti y de los demás

Mi mejor amigo es el que saca lo mejor que hay en mí.

HENRY FORD, EMPRESARIO

Un hosco participante en uno de mis talleres me dijo: "no me gustan estas técnicas. Me parecen artificiales".

Yo le dije: "me alegra que lo hayas dicho, porque me da la oportunidad de aclarar que *no* han sido diseñadas para ser una fórmula o manipuladoras. No son tácticas. Son herramientas cimentadas en un intento honesto de superar las charlas superfluas para conectarse de manera auténtica con otras personas. Sería genial si el conocer a otros de forma natural, pero para muchos resulta algo incómodo.

"Estos métodos te pueden ayudar a adquirir la *habilidad* de crear conversaciones intrigantes y genuinas. Como es una *habilidad*, así como tocar piano, cuando estás aprendiendo a tocarlo, por lo general comienzas por aprender las escalas. Después de practicar las escalas, llegas al punto en el que tus dedos conocen las teclas tan bien que ni siquiera tienes que pensar dónde ponerlos, sino que sencillamente tocas música hermosa.

Lo mismo es cierto cuando se trata de aprender a hacer música conversacional. Cuando has aprendido las teclas de 'dime' y 'devolver', en lugar de 'recibir', ni siquiera volverás a pensar en ellas, harán parte de quien eres y de cómo te muestras".

Un estudiante universitario recién graduado es la muestra del poder que tiene de usar estas ideas para convertir extraños en amigos. Mo me dijo: "no disfruté de mis primeros meses en Washington D.C., a mi parecer, era un lugar poco amigable. Iba a bares a conocer personas, pero eso no tenía sentido, porque no consumo bebidas alcohólicas y, de todas formas, no puedes escuchar lo que otros dicen debido al ruido.

Pero un día me dijiste: 'todos están esperando que alguien más haga el primer movimiento'. Así que decidí ser el 'convocante' e iniciar actividades en las que quería participar. Les preguntaba a otras personas qué querían hacer los fines de semana y luego lo organizaba. Ahora tenemos un gran círculo de amigos que salen a hacer canotaje, jugar fútbol y tener noches de juegos. Ya ninguno de nosotros se siente solo, porque siempre está sucediendo algo interesante".

Si no puedes conversar, no te puedes conectar

*Las conversaciones cortas son mucho más que
cortas o triviales. Son el esclavo de una sociedad
desconectada, una piedra angular de la urbanidad.*
BERNADO J. CARDUCCI, DIRECTOR DEL INSTITUTO SHYNESS
EN LA UNIVERSIDAD DEL SUROESTE DE INDIANA

Pongamos este tema en prespectiva. En un excelente artículo de *Science Daily*, el experto en timidez Bernardo Caducci postuló que a muchos no nos agrada conocer a otras personas porque tenemos expectativas irrealistas. Pensamos que debemos ser ingeniosos o brillantes, cuando todo lo que en realidad necesitamos es estar "dispuestos".[20]

Eso es lo que hizo Mo. Él entendió que "las cosas buenas les suceden a los que inician". Él se dio cuenta que la calidad de nuestra vida la determina la calidad de nuestras conexiones, y la calidad de estas depende de nuestra disposición a crear o generar interacciones de calidad. Está en nosotros.

¿Estás esperando que otros sean amigables? Como lo diría el doctor Phil, "¿cómo te está funcionando eso?". ¿Por qué no elegir ser el que crea y convoca interacciones intrigantes? Si estás dispuesto a invertir tiempo y esfuerzo para ser bueno en esto, podrás ir a cualquier parte, en cualquier momento y conocer a cualquier persona sin perder la paz mental, porque estarás confiado en tu capacidad de crear conversaciones que sean gratificantes mutuamente y conexiones en las que ganen todos los involucrados.

Preguntas de acción: crea conversaciones que sean mutuamente gratificantes

Si no tenemos paz es porque hemos olvidado
que pertenecemos los unos a los otros.
MADRE TERESA

1. ¿Disfrutas el conocer a otros? ¿Qué haces para crear conversaciones y conexiones significativas? ¿Cómo muestras que de verdad estás intricado por otros?

2. ¿Qué evento público tienes próximamente en el que vas a conocer a otras personas? ¿Cómo vas a acordarte de devolver en lugar de recibir las conversaciones, a fin de atraer a las personas y crear conexiones más significativas en lugar de quedarte en la superficie con conversaciones simples?

3. ¿Cómo te vas a convertir en un convocador? ¿Cómo dejarás de esperar a que otros hagan el primer movimiento para ser el que inicia las actividades en las que todos quieren participar?

CAPÍTULO 14

Facilita reuniones
y programas interactivos

He tenido una excelente noche, pero no fue esta.

Groucho Marx, comediante

¿Viste los premios de la Academia 2014? La presentadora Ellen DeGeneres deleitó a 43 millones de espectadores, convirtiendo una maratón de tres horas de discursos de "agradecimiento" en una deleitosa noche interactiva que *sí* fue maravillosa. Ordenó Pizza (¡de verdad!) e hizo que la llevaran hasta el teatro donde repartió platos de papel y servilletas (con la ayuda de Brad Pitt) a algunos de las más grandes estrellas de cine del planeta, incluyendo a Meryl Streep, George Clooney y Julia Roberts.

Les pidió a algunos de los presentes en el público ("vamos Harvey Weinstein, saca tu cartera. Sé que tienes dinero") para que le dieran efectivo para pagar y se tomó una *selfie* (ahora se llama *groufie*) con Kevin Spacey, Jared Leto y otros, la cual fue re-twitteada millones de veces durante la siguiente hora.[21]

En lugar de arruinar el espectáculo, Ellen le dio a la audiencia la oportunidad de *ser* el espectáculo. Fue bueno que Ellen entendiera que ya estaba pasado de moda el obligar al público a ser pasivo. Creó una experiencia en la que el público estaba en el borde de sus asientos gracias a que todo lo que estaba sucediendo era impredecible. El método interactivo de Ellen no solo dio resultados con mejores audiencias (como así lo anunció un titular de Yahoo! al día siguiente: "los niveles de audiencia de la ceremonia de los Oscar fueron los mejores desde el año 2000"[22]), sino que era una afirmación en respuesta a las siguientes preguntas: ¿Por qué dirigir programas como siempre se ha hecho? ¿Por qué no mostrar a los presentes tanto como al maestro de ceremonias? ¿Por qué no involucrar al público en lugar de solo informarlo?

Dale a la gente la oportunidad de controlar y aportar

Me da un poco de comezón cuando no tengo algo de control.
AMY POEHLER, ACTRIZ

En la actualidad a *todos* nos da comezón si no tenemos algo de control. Por tal razón, una buena idea es compartir el control en lugar de siempre controlar todas tus reuniones y eventos. Ten presente que no estoy diciendo *pierde o entrega* el control; estoy diciendo *comparte* el control. Así es como puedes hacerlo:

Mientras vivía en Hawai, tuve la oportunidad de trabajar con el líder visionario Mile White y su equipo del hotel Ka'anapali Beach. KBH no tenía la propiedad más ostentosa de Maliu, pero esta tenía un alto porcentaje de clientes que volvían. ¿Por qué?

Los visitantes sentían que estaban viviendo el verdadero "aloha" de las islas. Los empleados se reunían en la recepción todos los días al medio día para cantar, bailar hula y tocar el ukelele. A los huéspedes, los saludaban por su nombre y les daban papayas frescas, bananas, guayabas y proteas que los empleados cultivaban en sus casas.

Como gerente general, Mike sentía que era importante que los empleados fueran *ohana* (que en hawaiano significa familia), de modo que, cada mes, tenía reuniones para que todos estuvieran al día. Esto era un desafío logístico, porque implicaba pagarles a los empleados para que vinieran en su día libre y operar al mínimo mientras todos participaban. A pesar de esto, Mike ponía el dinero y el cronograma de KBH donde estaban sus valores y se comprometía a hacerlo.

En lugar de dirigir todas las reuniones él mismo (el método usual de los jefes), él dividía el liderazgo entre los diferentes directores de departamento. Un mes el director de mercadeo era el encargado, al siguiente era el gerente de comidas y bebidas, al siguiente, el director de gestión interna, y así sucesivamente. Los encargados tenían total autonomía. ¡Deja que la creatividad comience! Esto se convirtió en un concurso en miniatura para ver quién podía organizar la reunión más intrigante. Todo el mundo esperaba asistir, porque nunca sabían qué esperar. También desarrolló las habilidades de oratoria y liderazgo de los miembros del equipo.

¿Y qué de ti? ¿Siempre lideras las reuniones con tu personal? ¿No tendrías un entorno de trabajo más comprometido si rotaras los directores y les dieras a los empleados la oportunidad de liderar?

Esto no es algo de poca importancia. En una entrevista el 31 de agosto de 2014 transmitida por CBS *Sunday Morning*, le preguntaron al invitado especial, Robert Levering, cocreador del *Listado Fortune de los 100 mejores lugares para trabajar*, si había alguna conexión entre el buen trato a los trabajadores y los resultados finales. La respuesta fue un enfático sí.

Levering citó una encuesta realizada por Gallup en la que se encontró que solo "tres de cada diez empleados están involucrados de forma activa, es decir, están comprometidos o entusiasmados con su trabajo", y citó otro estudio, el cual reveló que "los trabajadores no comprometidos les cuestan $550 billones de dólares a las empresas estadounidenses".[23]

¿Estás involucrando a los empleados y dándoles oportunidades para que sean parte de la planeación en lugar de que estén *apartados* de la misma?, ¿o simplemente les estás diciendo las novedades y qué hay que hacer?

¿Estas tomando el control o compartiendo el control de tus reuniones?

Cuando era niño, no había colaboración; eras tú con una cámara dándoles órdenes a tus amigos. Ahora que soy adulto, la producción de películas consiste en apreciar los talentos de quienes te rodean y conocer que nunca habrías podido hacer esas películas solo.

DIRECTOR STEVEN SPIELBERG

Un colega mostró algo de renuencia a esta idea de compartir el control. Él dijo: "siempre tenemos poco tiempo, así que nuestra meta es entrar y salir. Yo soy el único que sabe todo lo que está sucediendo. Además, yo soy el jefe. Se supone que soy el que debe dirigir las reuniones".

Yo le dije: "entiendo que siempre se ha hecho así, pero las cosas han cambiado". La mayoría de la gente de hoy creció con la Internet, que es una democracia. Todos tienen una voz. Cada uno crea y personaliza su experiencia de "usuario" y le presta atención solo a lo que le atrae. Las personas de hoy están acostumbradas a tener el control. Publican lo que quieren, cuando lo quieren, ya sea en YouTube, Facebook, Twitter o Pinterest. Crean sus propias estaciones de música en Pandora. No miran pasivamente sus programas de televisión como *American Idol* o *Dancing with the stars*, sino que determinan el destino de los concursantes al votar quién se queda y quién se va. Ellos cocrean el espectáculo.

Luego se sientan en una reunión y *no* tienen control, *no* tienen oportunidad para cocrear nada. Como consecuencia, se desconectan, así estén presentes.

De hecho, el artículo del *Harvard Business Review* de agosto 18 de 2014, escrito por Gretchen Gavett y titulado "lo que las personas en realidad hacen cuando están en una conferencia telefónica" reveló algunas estadísticas intrigantes (y preocupantes), entre las cuales estaba: "27% de las personas admitieron que se duermen durante las conferencias telefónicas, y el 13% 'confesaron' estar en una pista de carreras, el ensayo de una boda, en un baño de una parada de camiones, tomando el sol y bronceándose, en una tienda probándose ropa y, mi favorita, 'persiguiendo a mi perra por la calle porque se había salido de la casa'"[24]

Esto sería divertido si la falta de atención y la carencia de participación comprometida no representara millones en productividad perdida para las organizaciones de estos trabajadores.

¿Qué hacer? El artículo cita la sugerencia que el escritor Keith Ferrazzi hace a los organizadores: "implementar un 'toma 5' al comienzo de las reuniones y de las conferencias telefónicas, y dedicar cinco minutos para que cada uno tenga un turno para hablar un poco acerca de lo que está sucediendo en su vida, ya sea a nivel personal o profesional. Esto hace que las personas tengan el ánimo de escucharse unos a otros".

El crear conexiones
no es un deporte de espectadores

El que más habla es el que más se divierte.
RUTH REED (MADRE DE SAM HORN)

A partir de ahora, cada vez que dirijas una reunión, hazte esta pregunta: "en lugar de hablar todo el tiempo, ¿cómo puedo hacer de esta una interacción de doble vía y no una descarga de información de una sola vía?".

Eso es lo que Miki Agrawal hizo para transformar sus firmas de libros en una experiencia divertida e interactiva. En lugar de leer apartes de su libro (algo aburrido), ella les preguntaba a los asistentes si querían jugar *Dentro del estudio del autor.* Todos pasaban a ser James Lipton (el presentador de la serie Bravo *Inside the Actors Studio (Dentro del estudio del actor).* En lugar de ser espectadores, ellos pasaban a ser entrevistadores y preguntaban: "¿alguna vez has tenido una noche oscura del alma?". "¿Cómo conseguiste a tu agente?". "¿Cómo podemos sacar el libro que hay en nosotros?". Todos se involucraban de principio a fin porque *eran* los que más hablaban.

Una mujer en el lanzamiento del libro de Miki levantó la mano y dijo: "estoy asombrada de lo que está sucediendo aquí en este momento. Esto nunca sucedería en el lugar de donde provengo. Si le dijera a alguien que estoy escribiendo un libro, la respuesta sería '¿quién eres tú para escribir un libro? Tú no eres F. Scott Fitzgerald'. Es de mucho ánimo ver cómo todos te celebran en lugar de estar celosos de ti".

Ella mencionó algo muy importante. En una ocasión, le preguntaron a la actriz Bette Nidler: "¿cuál es la parte más difícil del éxito?" Y ella dijo, "encontrar a alguien que de verdad se alegre por ti".

Cuando vemos a alguien ser la "estrella", puede ser tentador sentir celos, porque no tenemos parte en el éxito de esa persona. Él o ella son los expertos, pero nosotros no. Cuando la persona a cargo decide nivelar el campo de juego y les da a todos la oportunidad de participar, nosotros hacemos *parte* de su éxito.

Establece un precedente para participaciones significativas

La comunidad hace que el mundo funcione.
QUESTLOVE, MÚSICO

¿Tienes a tu cargo planear reuniones, presentar ceremonias o conferencias? ¿Creas una comunidad donde los miembros del público pueden aportar, personalizar su experiencia y conectarse? ¿Organizas *esceniales*? Esto es una palabra compuesta que el músico Brian Eno acuñó, cuyo significado es "mitad escena, mitad genial".

Como anfitrión, puedes tener acceso y elevar la "genialidad" en el recinto, al darles a los asistentes oportunidades para que todos saquen provecho de las experiencias, habilidades y energía de los demás.

Sin embargo, eso no suele suceder. De hecho, la investigación realizada por los psicólogos Paul Ingram y Michael Morris de Columbia, revela que, aunque los ejecutivos decían que su objetivo al asistir a un evento de creación de redes era "conocer la mayor cantidad de personas posible", en realidad la tendencia era a hablar con "los pocos asistentes que conocían bien", en lugar de hacer nuevas conexiones.[25]

Piénsalo. Las empresas invierten grandes cantidades de dinero al año para llevar a sus empleados a convenciones, ferias comerciales y programas de capacitación, y pagan hoteles, alimentación y gastos de inscripción. Sin embargo, ellos tienden a sentarse y pasar tiempo con las personas que ya conocen. Esto desafía uno de los objetivos primordiales que tiene el asistir a un evento público, el cual es extender tu red y crear *nuevas* relaciones.

Pero la cosa empeora. La escritora sobre personal en *Inc. Magazine*, Jill Krasney, encontró que muchos consideran que desarrollar sus redes en eventos de negocios es vergonzoso o "de mal gusto", y lo asociaban con sentirse como un "vendedor de autos usados". Ella cita una publicación del diario *Administrative Science Quarterly*, el cual dice que "la idea de crear relaciones para salir adelante se siente, más bien como algo inmoral. ¿Acaso no es esa la definición de usar a alguien?".[26]

Esta es una diferencia muy importante. INTRIGUE no consiste en usar a las personas, sino en aportarles valor. No se trata de querer algo *de* los demás, sino se querer algo *para* ellos. La meta no es salir adelante, sino lograr una interacción como si fuera una "marea creciente que impulsa a todos los botes", de tal forma que eleve a todos los participantes.

¿Te suena pomposo? No tiene que serlo. Permíteme compartir mi primera experiencia de un escenial y luego te compartiré un par de sugerencias sobre cómo organizar un escenial en su próximo evento de negocios.

Convierte eventos de negocios en un escenial que "impulse todos los botes"

A la hora del almuerzo o de la cena se toman más decisiones de negocios que a cualquier otra hora, sin embargo, sobre este tema no se dan cursos de MBA.

Peter Drucker, escritor sobre negocios

Entré al restaurante Four Seasons de la ciudad de New York con la cabeza dándome vueltas, con mucha expectativa. Martin Edelston, fundador de *Boardroom Reports* y *Bottom-Line/Personal*, me había invitado a una de sus famosas tertulias junto con otras veinte personas que habían sido anunciadas en sus publicaciones.

Tomamos nuestros lugares en una larga mesa rectangular con Marty a la cabeza. Hizo sonar la campana ceremonial que tenía al lado de su plato, nos dio una amable bienvenida y nos explicó el formato. En lugar de mirar nuestras ensaladas o hablar sobre el clima, propuso que cada uno de nosotros informara sobre la tendencia más interesante de nuestra industria... en dos minutos.

Eso dio paso a una de las horas más interesantes de mi vida. Un cirujano cardiaco compartió los avances más recientes en cirugía a corazón abierto. Un psicólogo informó sobre el aumento de adopciones en el extranjero y las razones detrás de eso. Un escritor habló sobre cómo ejercer influencia con ética. Después del informe de cada persona, Marty hacía un seguimiento con algunas preguntas proactivas, con el fin de darle más amplitud y profundidad a lo que se había compartido. Él era el anfitrión y facilitador de un escenial por excelencia.

Si estás cansado de asistir u organizar eventos de negocios en los que nadie establece conexiones, haz lo que Gandhi sugirió y "sé el cambio que deseas ver". A continuación, hay dos cambios que con seguridad convierten aburridores eventos de negocios en esceniales que "impulsan todos los botes". No tienes que ser el anfitrión oficial como Martin Edelston y no es necesario tener una reunión en el Four Seasons (aunque sería agradable).

Dos formas para organizar un escenial

*La comunicación conduce a comunidad,
es decir, valoración mutua.*
ROLLO MAY, PSICÓLOGO

1. Comienza tu reunión con presentaciones

No uses rompehielos "superficiales" que hacen que la gente hulla hacia las montañas. Solo di: "queremos que este sea el programa más amigable y productivo al que hayan asistido, así que vamos a organizar nuestro horario de acuerdo con nuestros valores. Tenemos un increíble grupo de expertos hoy y queremos darles la oportunidad de aprovecharlo al crear conexiones con un par de personas que no conozcan. Cuando diga '¡comiencen!', por favor pónganse de pie, busquen dos personas cerca a ustedes a quienes todavía no conozcan e intercambien esta información. 1) Su nombre, 2) algo que estén buscando en este evento, 3) un proyecto en el que estén trabajando y que les emocione. ¿Listos?, ¡comiencen!".

Esto lo hago cada vez que soy maestra de ceremonias de un evento, porque cambia un recinto lleno de desconocidos ansiosos en uno lleno de amigos. Una mujer se me acercó y dijo: "diste en el clavo. Estaba ahí sentada pensando, *volé hasta acá y no conozco a nadie. ¿Será esto una pérdida de tiempo?* Logré conectarme con otros dos directores de recursos humanos y acordamos encontrarnos para almorzar. Ya empiezo a sentir que hice la mejor decisión al venir. ¡Y eso fue solo en los primeros cinco minutos!".

2. Crea una "mesa de comida temática"

Antes de que las personas tomen sus lugares, anuncia que esta es una cena para "sentarse al lado de alguien que no conoces". Pon tarjetas con preguntas relevantes en cada asiento e invita a los participantes a conversar con su vecino sobre los temas sugeridos, tales como:

- ¿Cuál es un aporte tangible que has recibido de nuestro evento?
- ¿Cómo planeas aplicarlo?
- ¿Cuál es un logro con el que tú o tu organización están complacidos este año?
- ¿Cuál es un recurso favorito que te gustaría recomendar y que haya mejorado tu productividad?

La coordinadora de conferencias Ruth Stergiou lleva esta idea un paso más allá y concluye sus conferencias de "Inventa el futuro" con mesas redondas para "conocer al experto". Ruth dice: "esta es una manera excelente de mantener a todos comprometidos hasta tarde. Ellos pueden elegir temas (por ejemplo: políticas en la oficina, negociación de salarios, manejo de marca personal) y dos expertos (por ejemplo, un ejecutivo de Apple, el presidente de alguna asociación, un experto en redes sociales) a quienes quieran conocer.

"A los expertos, se les instruye que usen solo cinco minutos de sus veinte minutos para compartir una buena práctica, y que luego faciliten una sesión de ideas en la que a todos se les pida su aporte sobre la prioridad que elijan. Es gratificante ver cuán animados están todos al final de todo un día de trabajo".

Preguntas de acción:
facilita reuniones y programas interactivos

*Si tuvieras que identificar con una palabra la razón por la cual
la raza humana no la alcanzado y nunca alcanzará su pleno
potencial, esa palabra sería "reuniones".*

DAVE BARRY, HUMORISTA

1. ¿Presides reuniones? ¿Rotas el liderazgo y les das a los asistentes una oportunidad para dirigir el espectáculo? De ser así, te felicito. Si ese no es el caso, ¿cómo puedes hacer que los demás sean parte del proceso de toma de decisiones, de modo que, contrario a lo que dice Dave, tus reuniones sean participativas y productivas?

2. ¿Estás cansado de eventos de negocios en los que nadie crea conexiones? ¿Tienes a tu cargo planear reuniones, presentar ceremonias o conferencias? ¿Cómo organizarás un escenial en el que todos puedan recibir algún aporte sobre algo que sea significativo para ellos? ¿Cómo vas a crear una comunidad interactiva e involucrarás a tu público de tal forma que tengan oportunidades para personalizar sus experiencias y hacer aportes los unos a los otros?

PARTE VI

INTRIGUE

G = Garantice

Dé primero su atención

Cuando paso al escenario, mi primera meta
no es mostrar mis capacidades, sino dar algo de alegría.
ANDREA BOCELLI, TENOR ITALIANO

Las secciones anteriores se han concentrado en cómo podemos ganar atención de calidad de otras personas.

Esta sección se concentra en cómo podemos, primero, garantizar una atención de calidad a otros. En lugar de que nuestra meta sea mostrar nuestras habilidades, es más sabio darles a otros la oportunidad de mostrar las suyas.

Esta sección también explora cómo podemos encontrar lo que es de mayor importancia para las personas con quienes queremos establecer una conexión, de tal forma que podamos concentrarnos primero en sus intereses.

Esta es una de las claves para crear interacciones que sean mutuamente intrigantes.

CAPÍTULO 15

Personaliza para crear conexiones

La página en blanco. El cursor parpadeando.
El bloqueo del escritor. Sting lo enfrentó durante ocho años
después de toda una vida componiendo canciones con fluidez.
Las ideas dejaron de fluir. No volvió a surgir ninguna canción.
JOHN LOGAN, PERIODISTA

IMAGINA NO TENER ideas por ocho años cuando tu sustento depende de ello. ¡Vaya!

Esto es lo que le sucedió al músico Sting, a quien Logan describió como "quemado" en un artículo de Vanity Fair. ¿Qué hizo para superar ese bloqueo? Volvió a su pueblo natal en Inglaterra, cerca de los astilleros de Newcastle donde creció viendo "grandes barcos de hierro crecer hasta que borraban el sol". Dejó que los "carpinteros de barcos, soldadores y remachadores hablaran con él y por medio de él". Como resultado, la creatividad de Sting cobró vida de nuevo. Se vio inspirado para escribir un nuevo musical basado en las historias que había escuchado, el cual abrió en Broadway en 2014.[27]

La experiencia de Sting ofrece una lección para todo aquel que se esté quedando sin intriga. Es probable que no estés sufriendo de un bloqueo de creatividad, sino de un bloqueo de conexión. Quizás también necesitas salirte de tu cabeza y salir al campo a conectarte con las personas con quienes quieres establecer una conexión. Puede ser que ahora sea el momento para dejar de tratar de "pensar en cosas" y preguntarles a las personas que quieres alcanzar qué piensan o qué sugieren. Al hacerlo, la fuente de la intriga volverá a fluir, porque te estás concentrando en su fuente verdadera, la empatía no el intelecto.

INTRIGUE es un producto de la empatía

No puedes salir de un bloqueo de escritura con solo pensar, tienes que escribir para salir del bloqueo de pensamiento.
JOHN ROGERS, ESCRITOR

A veces no funciona tratar de escribir para salir del bloqueo de pensamiento. Esa fue mi revelación mientras corría para cumplir con el plazo de mi libro Tongue Fu!®. Por lo general me encanta escribir. Pero estaba ocupada criando a dos hijos, una agenda llena de compromisos para dar conferencias y consultoría, y las palabras no fluían. El escribir se había convertido en un trabajo difícil. Leía y volvía a leer lo que había escrito (lo sé, es un error fatal) y pensaba, no me gusta. No me agradaba lo que estaba produciendo. No me sonaba. No tenía vida.

Entonces recibí una bendición en la forma de un artículo acerca de un director de televisión. Por un tiempo, todo lo que hizo este director fue un éxito. Fue el primero en recibir un premio Emmy a la mejor comedia y al mejor drama el mismo año. Pero ahora sus producciones estaban en las últimas posiciones de audiencia, porque cada vez más presentaban tramas extrañas con las que los televidentes no se podían relacionar. El periodista sugería que este director había perdido su toque de oro debido a que había perdido el toque común. Se había ocupado tanto de escribir y dirigir, que se había desconectado.

Esto encendió una luz en mi mente. Con razón tenía un bloqueo de intriga. Escribir no debe ser un ejercicio intelectual aislado, sino que debe ser un ejercicio de empatía. Me estaba concentrando en lo que yo quería decir, en lugar de conectarme con mis lectores y encontrar lo que ellos querían decir. Me levanté, conduje a la escuela secundaria de mis hijos, y busqué mi contenido entre la multitud.

Les pregunté a los estudiantes ¿qué haces si alguien te está molestando o intimidando?". Les pregunte a los maestros, "¿qué haces si un padre te acusa de no cuidar de su hijo o su hija?". Le pregunté al director: "¿qué sucede cuando un maestro o consejero dice: 'renuncio. ¿No me pagan lo suficiente como para tratar con todo esto'?".

Al igual que Sting, dejé que las personas con quienes quería conectarme me hablaran a mí, y lo hicieran por medio de mí. Escuché sus preocupaciones, sus deseos. Y cuando llegué a casa, las ideas fluían de mi cabeza tan rápido que mis dedos apenas daban basto. Fue una lección que nunca he olvidado.

¿Y qué de ti? ¿Estás teniendo dificultades para desarrollar el contenido de una próxima comunicación? ¿Te has quedado sin ideas? ¿Estás haciéndolo de forma mecánica porque tienes un plazo que cumplir? Si tu interés es simplemente terminar tu proyecto, es probable que lo logres, pero eso no lo hará cantar. Puedes terminar con un proyecto terminado, pero sin vida, seco, desconectado.

Si tu meta es crear conexión, levántate de la silla y sal de tu estudio al campo. Busca a aquellas personas con quienes quieres conectarte. Encuentra qué los trasnocha y luego vuelve a trabajar con sus voces en tu mente, haciendo que fluyan hacia la página.

Asegúrate de preguntarle a tu público objetivo cuáles son sus triunfos y mejores prácticas. Muchos de los cuestionarios previos a reuniones que he visto se concentran únicamente en "¿qué retos/problemas estás enfrentando?". Estos cuestionarios contienen implícita una mentalidad jerárquica que dice: "yo soy el experto. Dime cómo puedo solucionar tus problemas", con la cual solo se indaga acerca de lo que anda mal en la vida de las personas.

Haz la misma cantidad de preguntas que les den a las personas la oportunidad de compartir sus opiniones y consejos. Dales la posibilidad de ser los expertos y de aportar al proceso en lugar de ser receptores pasivos de tu proceso.

Lidera con las necesidades de otros, no con las tuyas

Si estás tratando de persuadir a otros para que hagan algo, en mi opinión deberías usar el lenguaje que ellos usan a diario. Escribe en su idioma corriente.
David Ogilvy, genio de la publicidad

Otra forma de captar la atención favorable de quienes toman las decisiones es estudiar sus páginas de Internet y material de mercadeo para así usar su mismo idioma en tu intento por alcanzarlos.

Elon Musk, el visionario fundador de Space X, dio un gran consejo en cuanto a esto. Tan pronto como vi que estaba programado para hacer una presentación durante el almuerzo en el Club Nacional de Prensa, lo separé en mi agenta y planeé estar en una de las mesas del frente para absorber su sabiduría. Llamé a mi hijo Tom (el que trabaja para NASA) y le pregunte: "¿hay algo que quieras que le pregunte a Elon Musk?".

Tom dijo: "sí. Muchos de mis amigos que trabajaban en el trasbordador espacial han sido despedidos. Muchos están presentándose para ingresar a Space X". Un poco en broma, me dijo: "pregúntale cuál es la mejor forma para ser contratado en Space X".

En efecto, tuve la oportunidad de hacer la pregunta de Tom durante la sesión de preguntas y respuestas. ¿Cuál fue la elocuente respuesta de Musk en una sola frase? "No me hables de los cargos que has desempeñado, háblame de los problemas que has solucionado".

Con esto, Musk les dio a todos los que estaban prestando atención las "respuestas a su prueba". Si quienes se postulaban para empleo eran inteligentes, no enviarían la misma hoja de vida de siempre que entregaban en todas partes. Ellos debían personalizar sus puntos fuertes para destacar los problemas específicos que habían resuelto en lugar de los cargos que habían desempeñado. Esto aumentaría dramáticamente sus posibilidades de llamar la atención de las personas a cargo de las decisiones en Space X, porque sus hojas de vida hacían énfasis en los criterios de contratación del fundador.

¿Las personas a cargo de las decisiones te han dado la respuesta a sus pruebas?

En la escuela, te enseñan una lección y luego te hacen una prueba. En la vida, te hacen una prueba que te enseña una lección.

Tom Bodett, escritor

¿Estás postulándote para un empleo o compitiendo por un contrato? ¿Has estudiado la descripción del cargo, has investigado sus requisitos de contrato? ¿Has adaptado tu solicitud usando sus palabras exactas? Me parece asombroso ver cómo la gente suele hacer esto.

Este fue el meollo de una conversación que tuve con un amigo de mi familia quien me pidió que revisara su solicitud para ingresar a las Cuerpos de paz. Casey dijo: "no sé si tengo alguna posibilidad, pero quiero intentarlo".

Yo le dije: "Bien Casey, te vamos a hacer ver lo más intrigante posible para el personal de las Cuerpos de paz. Abre su página de Internet".

"¿Por qué?".

"Porque ellos te dan las respuestas a examen. ¿Ves acá? Ellos han enumerado las características y calificaciones que están buscando. Lo que vas a hacer es abordar cada uno de estos criterios y darás un ejemplo de cómo lo has hecho, usando sus palabras. Esto les indica que prestas atención y que se puede confiar en que lees las instrucciones y entregas lo que se te ha solicitado".

Adivina quien fue aceptado para los Cuerpos de paz. Adivina quién terminó trabajando con niños en edad escolar en Guatemala, enseñándoles lacrosse y amando cada minuto de esta oportunidad para hacer la diferencia... Todo porque Casey atrajo la atención de sus empleadores al darles lo que ellos pedían.

En una ocasión, le preguntaron al doctor Benjamin Spock cómo había obtenido el material para su libro Dr. Spock's Baby and Child Care, el cual, según Wikipedia, ha vendido más de cincuenta millones de copias y fue el libro mejor vendido en el siglo XX después de la Biblia". Spock dijo: "en realidad todo lo aprendí de mamás". El Doctor Spock no creó su contenido desde ceros, él se valió del público preguntándole a su audiencia objetivo lo que más querían saber, y luego les dio eso.

¿Y qué de ti? ¿Estás adaptando tu comunicación para que tenga eco entre las personas? De ser así, estás aumentando las posibilidades de que tu contenido resuene entre tu público porque provino de ellos mismos.

Preguntas de acción:
personaliza para crear conexiones

Si eres un artista, trata de mantener un oído
en la tierra y un oído en tu corazón.
BRUCE SPRINGSTEEN, MÚSICO

1. Hora de mirar tu Formulario W5. ¿Quién es tu público objetivo? ¿Cómo vas a salirte de tu cabeza y meterte en la de ellos para encontrar lo que les importa para así adaptar tu contenido?
2. ¿Cómo puedes crear conexiones con tu público objetivo y dejarles que te hablen a ti y también que lo hagan por medio de ti? ¿Cómo vas a "mantener tu oído en la tierra" que pisan tus clientes, de modo que puedas usar su lenguaje y satisfacer sus necesidades?

CAPÍTULO 16

Escucha de la manera que te gusta ser escuchado

No es que quiera interrumpir.
Solo que sigo recordando cosas y me emociono.
LEYENDA EN UNA CAMISETA

HACE AÑOS, MIS hijos y yo nos encontrábamos organizando un fin de semana festivo. ¿Deberíamos invitar amigos para hacer una parrillada en el patio? ¿Vamos al lago Farifax a ver los fuegos pirotécnicos?

Tom se veía un poco distraído, así que le pregunté: "¿Tom estás escuchando?".

"Seguro que sí, mamá", dijo, "tienes mi desleal atención".

Lo que dicen los adolescentes... En nuestro mundo distraído ("mira allí hay un gato"), la norma es dar nuestra desleal atención. Esto no es algo insignificante. Toda la atención pierde clientes y empleados. De hecho, un estudio estadístico del Departamento de Trabajo de los Estados Unidos, encontró que el 46% de las personas que renunciaron a su empleo dijeron haberlo hecho porque sentían que no las escuchaban, y por esa razón se sentían menospreciadas.[28]

¿Estás dando toda tu atención o tu desleal atención?

Cuando las personas hablen, escucha por completo.
La mayoría de personas nunca escuchan.
ERNEST HEMINGWAY, NOVELISTA

Escuchar por completo no solo es la esencia del carisma, sino que está en el centro de las conexiones. Sin embargo, escuchar por completo es poco común. Lo normal es que las personas interrumpan, terminen las frases de otros y den su desleal atención. Piénsalo. De todas las personas que conoces:

- ¿Quiénes son los que de verdad te escuchan?
- ¿Qué hace esa persona que lo hace un buen oyente?
- ¿Cómo te hace sentir esta persona cuando te da toda tu atención?
- ¿Cómo te sientes con esa persona?

¿Sabe qué? Durante los veinte años que llevo haciendo estas preguntas en mis talleres, la mayoría solo puede pensar en una o dos personas, de entre todas las que conoce, que realmente los escucha. ¿No es extraño? Piensa por un momento en cómo te sientes con esa persona que te da toda su atención. ¿No sientes una conexión profunda? Si quisieras tener conexiones más profundas con las personas que hay en tu vida, dentro y fuera del trabajo, estos pasos para escuchar, te pueden ayudar a lograrlo.

1. Mira, levanta e inclínate

En realidad, no puedes escuchar a nadie
y hacer otra cosa al mismo tiempo.
M. SCOTT PECK, ESCRITOR

Haz a un lado tu teléfono celular. Aleja el tu asiento del computador. Estas acciones son una manera de decirte a ti mismo y a la persona que está frente a ti: "esto puede esperar. Tú eres mi prioridad".

Mira de frente a la persona y levanta tus cejas. ¿Sientes cómo esto anima tu cara? Inclínate hacia adelante, de tal forma que, literal y figurativamente, estés al borde de tu asiento. Esto indica que estás ansioso por escuchar lo que la otra persona tiene que decir. Te estás acercando a ella, lo cual te mueve del letargo hacia la curiosidad. Mirar, inclinarse y levantar no solo te hace ver intrigado, sino que estas acciones te ayudan a sentirte más intrigado.

2. Ignora todo lo demás

Dite a ti mismo: "Esta persona es mi prioridad ahora. Todo lo demás puede esperar". Resiste la tentación de mirar sobre la persona para ver quién va pasando. Si tus ojos divagan, tu mente lo hará también.

3. No juzgues

Un supervisor en una ocasión me dijo: "he dirigido a muchos de mis empleados por muchos años". Ya sea justo o no, a cada uno les he puesto nombres. Este es el quejoso, este es el problemático. Ya tienes la idea. Ya sé qué es lo que van a decir cuando vienen a mi oficina".

De hecho, no sabes lo que van a decir hasta después que lo hayan dicho. Considera darle una oportunidad o escuchar para prestar atención a lo que la persona está diciendo esta vez, en lugar de pensar en lo que dijo la última vez. Quizás quieras seguir el ejemplo del anunciante Bill Bernbach. Si veía que no estaba de acuerdo con alguien, él buscaba un trozo de papel, lo guardaba en el bolsillo de su chaqueta y lo miraba. El papel tenía estas palabras: "pueden tener la razón".[29]

4. Toma notas

Nuestra vecina, Cat, que estaba en sus veintes, se encontraba presentando entrevistas para un programa de posgrado en la Universidad de Georgetown. Me buscó y me dijo: "tengo mucho en juego para esta reunión. ¿Cómo puedo causar una buena impresión?".

"Lleva un buen cuaderno y toma nota cuando ellos hagan énfasis en sus prioridades. Por ejemplo, si la persona que está realizando la entrevista dice: 'tenemos cientos de personas postulándose para el cargo ¿por qué deberíamos elegirte?' mira tus notas y di: 'ustedes mencionaron que les gusta que sus estudiantes de posgrado tengan experiencia en liderazgo. Bueno, yo he trabajado para la Asociación Reston Tennis durante los últimos dos años y...'".

¿Cuál fue el final feliz de esa historia? Cat ahora es una feliz egresada del programa de posgrado de GU. Ella me dijo: "el haber tomado notas fue un beneficio. En lugar de estar muy consciente de mi misma y preguntarme ¿a dónde debo mirar? ¿Qué debo hacer con mis manos? tuve algo con qué ocuparme, así que no me puse nerviosa".

5. Enfatiza

¿Se te dificulta prestar atención? Hazte esta pregunta: ¿cómo me sentiría...?".

"¿Cómo me sentiría si esto me estuviera sucediendo a mí? ¿Cómo me sentiría si estuviera en el lugar de esta persona? Quizás no estemos de acuerdo ni nos agrade el comportamiento de alguien, esa pregunta podría ayudarnos a entender.

6. No tengas peros al respecto

¿Cómo te sientes cuando alguien te dice: "Entiendo lo que estás diciendo, pero..."? "Sé que esto es importante para ti, pero...". "Lamento que esto haya pasado, pero...". "Hiciste un buen trabajo, pero...".

La palabra pero cancela todo lo que se ha dicho antes. ¿Verdad? Esa pequeña palabra hace más daño que casi cualquier otra palabra en español, porque rechaza lo que la otra persona está diciendo. Considera eliminar esa palabra de tu vocabulario. La gente nunca sentirá que de verdad estás prestando atención mientras tu respuesta tenga un pero en ella. Reemplaza el pero con la palabra y. Por ejemplo, "escucho lo que estás diciendo, y..." "Sé que esto es muy importante para ti, y..." "Lamento que esto haya sucedido, y..." ¿Ves y sientes la diferencia? La palabra pero discute. La palabra y reconoce.

Los beneficios duraderos de escuchar con intriga

Para la mayoría de la gente, lo opuesto de hablar no es escuchar, es esperar su turno para hablar.

FRAN LEBOWITZ, ESCRITORA

Y ahora llego a contarte dos historias que muestran cómo el darle a alguien nuestra atención intrigada puede crear una conexión de gratificación mutua. El participante de un taller me escribió después de uno de nuestros programas y dijo: "esa pregunta '¿cómo me sentiría?' cambiaron la relación con mi madre. Ella ha estado en un hogar de ancianos durante los últimos años. Cuando salía a verla los sábados, solía ir con miedo, porque todo lo que hacía era quejarse. Se quejaba por su compañera de habitación, sus dolores y malestares, y que nadie iba a visitarla. Ya había dejado de escucharla.

"Cuando hablaste de la pregunta que aprendí en tu programa, me dije '¿cómo me sentiría si estuviera dieciocho horas al día, siete días a la semana? ¿Cómo me sentiría si viviera a seis pies de distancia de alguien que no me agrada y tuviera la televisión encendida a tanto volumen que ni siquiera pudiera escuchar mis pensamientos? ¿Cómo me sentiría si cada mañana me levantara con dolor y no tuviera un día diferente?'.

"Eso hizo que cambiara mi impaciencia. Cuando tomé tiempo para pensar cómo eran los días de mi madre y todo lo que ella había hecho por mí, entendí que lo menos que podía hacer era pasar un par de horas con ella cada semana y ser de más apoyo".

Pero esta historia tiene algo más. Él dijo, "también mencionaste que parte de ser un mejor oyente es ser proactivo y crear lo que nos gustaría en lugar de quejarme reactivamente acerca de lo que no nos gusta. Me preguntaba a mí mismo, '¿qué me gustaría?' Lo que quería era hablar de los viejos tiempos. Así que, al siguiente sábado, llevé conmigo un álbum de fotografías. La foto de un tío loco nos hizo llorar de la risa. Las fotos de una cabaña en las montañas a la que íbamos cada verano nos hizo recordar buenos tiempos durante más de una hora.

Agradezco mucho que él me haya contactado para compartir el transformador potencial de las preguntas "¿cómo me sentiría?" y "¿cómo quisiera sentirme?" Impaciencia = desconexión. Esas preguntas te pueden ayudar a superar la frustración y ayudarte a escuchar con oídos de empatía.

¿Por qué el dar tu atención intrigada es un regalo?

Escuchar es una fuerza magnética y creativa. Los amigos que nos escuchan son aquellos a los que nos acercamos y con quienes queremos estar. Cuando nos escuchan, eso nos crea, nos hace crecer y expandir.

KARL MENNINGER, PSIQUIATRA

Cuando mi hijo Andrew estaba a comienzos de sus veinte años, comenzó una entidad sin fines de lucro en Washington D.C. y pudo programar una reunión de quince minutos con la directora de la Universidad Howard, Roberta McLeod, para preguntarle si podía usar el centro de su campus para un Programa de "Festivo por esperanza".

Después de tres minutos de iniciada la reunión, Andrew comprendió que la señora McLeod estaba siendo amable, pero estaba esperando que él se detuviera para decirle que no iba a ser posible. Él vio que ella estaba pensando ¡¿tú quieres el centro gratis?! ¿Sabes que tenemos una lista de espera de grupos que les encantaría contar con el centro sin pagar? ¿Sabes cuál es el costo?

Él comprendió que, si no hacía algo diferente, iba a recibir una respuesta negativa. Miró al rededor la oficina. Las paredes estaban cubiertas de fotos junto con sus estudiantes que se habían convertido en exitosos líderes ejecutivos, políticos, educadores y empresarios. ¡Información gratis!

Así que dejó de hablar sobre lo que quería y cambió el enfoque hacia ella, "¿por qué hace esto?".

Ella habló sobre los retos de sus primeros años y de cómo el haber estudiado le ayudó a llegar a ser la persona que quería ser. Ella habló de lo satisfactorio que era ayudar a jóvenes que lo merecen a recibir el apoyo y las oportunidades que merecen. Andrew le dio toda su atención. Cuando terminó, él simplemente dijo: "esa también es nuestra meta".

Ella lo miró y comenzó a reír. "Bien, Andrew, puedes usar el centro".

Por favor ten presente que Andrew no escuchó a manera de táctica. Solo entendió que era uno de los cientos de personas que querían obtener algo de ella. Cuando dejó su presentación y comenzó a escuchar, estableció una conexión.

¿Quieres conocer el resto de la historia? La Universidad Howard ha participado en la organización de cuatro programas de "Festivo por esperanza". Cientos de personas han llenado el centro del campus para comidas, danzas y celebraciones. ¿Y quiénes han estado ahí cada año sonriendo ante lo que han creado juntos? Andrew y Roberta McLeod.

Ese ejemplo simboliza por qué el tener suficiente intriga como para escuchar, crea relaciones duraderas en las que todos los participantes ganan. ¿Y qué de ti? ¿Con quién te vas a reunir en los próximos días? ¿Un cliente muy importante? ¿Un patrocinador institucional? ¿Un potencial empleador? ¿Un empleador de hace mucho tiempo? ¿Podrías hacer a un lado los prejuicios y escuchar lo que la otra persona dice y quiere? ¿Podrías darle toda tu atención, de modo que sienta que es lo más importante en tu mundo? Hacer esto es una de las mejores cosas que puedes hacer en este mudo de desconexión y alienación para crear una conexión significativa poco común, que sea bienvenida y gratificante para ambas partes.

¿Qué si alguien no me está escuchando?

Un amigo, una persona que de verdad entienda, que se dé a la tarea de escuchar nuestros problemas, puede cambiar toda nuestra cosmovisión del mundo.

ELTON MAYO, PSICÓLOGO.

¿Estás pensando...? bien, esto tiene sentido, y trataré de escuchar a los demás. ¿Pero qué si alguien no me escucha? La pregunta es: ¿estás usando las técnicas cubiertas antes en este libro? Hazte estas preguntas:

¿Estoy haciendo preguntas del tipo "¿sabías qué" para crear curiosidad y levantar cejas? (capítulo 1)

¿He convertido la resistencia de las personas en receptividad al expresar/eliminar sus objeciones? (capítulo 4)

¿Estoy reconociendo que están ocupadas y estoy pidiendo MENOS tiempo del que esperan? (capítulo 10)

Si has hecho todo esto y todavía no has creado conexiones, quizás para esa persona lo que estás diciendo no es relevante o útil. La siguiente sección presenta formas para ganar atención, porque las personas sienten que su tiempo contigo será productivo y rendirá resultados reales.

Preguntas de acción: escucha de la manera que te gusta ser escuchado

Cuando las personas no escuchan, no es que no aprendan, solo se niegan a grandes oportunidades y gloriosas opciones.

STEVEN SPIELBERG, DIRECTOR DE CINE

1. ¿Qué personas conoces que de verdad te escuchan? ¿Qué hace buenos oyentes? ¿Cómo te sientes con esas personas? ¿A quién le darás toda tu atención hoy?
2. ¿Cómo vas a "sacar un Andrew" para dejar de hablar y ponerte en el lugar de la otra persona para ver las cosas desde su perspectiva de tal forma que ambos obtengan excelentes posibilidades?
3. Revisa la situación que identificaste en tu Formulario W5. ¿Cómo vas a asegurarte de darle a esta persona atención de calidad al:

M: Mirar, levantarte e inclinarte, de forma que te sientas y te veas intrigado?

I: Ignorar las distracciones al pensar: tú eres lo más importante en mi mundo?

S: Suspender el juicio con "dale una oportunidad" y así no saltar a las conclusiones?

T: Tomar notas respecto a lo que le gusta a tu oyente y mencionarlo para así crear una conexión?

C: Crear empatía y prevenir la impaciencia al preguntarte: "¿cómo me sentiría?".

N: No usar la palabra, pero, sino reemplazarla por, y, para así reconocer y no discutir?

PARTE VII

INTRIGUE

U = ÚTIL

Si no se puede practicar, no es útil

Una decisión verdadera se demuestra al tomar una nueva acción. Si no has actuado, en realidad no has tomado una decisión.

Tony Robbins, escritor

La pregunta que muchos en situaciones de negocios tienen, pero que nunca hacen, es: "¿por qué prestarte atención a ti puede ser de utilidad para mí?".

Esta sección proporciona medios para hacer que tus interacciones sean útiles para que haya un RSI (retorno sobre intriga) para todos los involucrados.

También muestra cómo ayudar a otros a decidir qué acciones planean tomar para cosechar utilidades reales por haberte dedicado tiempo, atención y dinero.

CAPÍTULO 17

Establece relevancia para el mundo real

Todos competimos por ser relevantes.
ELEANOR CLIFT, COMUNICADORA

PARA LAS PERSONAS, no es suficiente estar de acuerdo contigo en la teoría. Ellos deben poder aplicar en la práctica lo que estás diciendo. Si lo que estás compartiendo no tiene relevancia en el mundo real para ellos, ¿por qué deberían prestarte atención? Sencillamente no es una prioridad alta.

Cuando trabajé con la doctora Joan Fallon, de Curemark, en la preparación de su charla TEDx, sabíamos que era crucial establecer que su tema sobre el autismo no es solo algo que afecta a unos pocos, sino que impacta a la mayoría de las personas en los Estados Unidos. Por tal motivo, Joan comenzó con:

¿Cuántos de los aquí presentes conocen a alguien con autismo? Por favor, levanten la mano.

¿Cuántos conocen a maestros o terapeutas que trabajan con niños que tienen autismo?

¿Cuántos de ustedes están familiarizados con lo descorazonador que es y con las dificultades que enfrentan las familias cuando tienen un hijo con autismo?

Entonces casi todos ustedes han levantado la mano, y me imagino que los que están mirando también han tenido situaciones similares. El autismo está creciendo. Solo el mes pasado, los centros para el control de enfermedades establecieron los pronósticos en que 1 de cada 68 niños y 1 de cada 42 niños varones pueden ser diagnosticados con autismo. Para ponerlo en perspectiva, eso representa un aumento de casi el 80% del autismo en tan solo diez años. Estamos ante una epidemia. Hemos...[30]

La doctora Fallon pasó a hablar sobre los detalles acerca de cómo Curemark ha desarrollado un tratamiento para el autismo que está produciendo resultados promisorios en sus pruebas clínicas, el cual está siendo impulsado activamente por la FDA.

Aclara cómo esto se relaciona con tu audiencia

¿Sabes cuál es el primer requisito para el cambio?
Un sentido de urgencia.
JOHN KOTTER, ESCRITOR

En un minuto organizado de forma brillante, Joan llevó su tema de lo abstracto y lo hizo pertinente para todos los presentes al:

◆ Pedirles a los presentes que levantaran la mano. Esta petición (hecha de manera genuina y no impuesta) involucró físicamente a las personas y creó una revelación visual en la que los presentes miraron a su alrededor y por sí mismos vieron que casi todos tenían su mano levantada.

◆ Mencionar a su video-audiencia, para que también se sintieran involucrados y "vistos". Los públicos virtuales suelen sentirse ignorados y distantes, porque no están "ahí". Joan se conectó con ellos, así sintieron que les hablaba a ellos, aunque no estuvieran presentes en el salón ese día.

- Crear un sentido de urgencia y seriedad al compartir alarmantes resultados de investigaciones obtenidos de fuentes confiables, demostrando que esta situación está empeorando, no mejorando.

¿Y qué de ti? ¿Cómo sacarás tu tema de lo abstracto para hacerlo pertinente para todos los que lo oigan, lo vean y lo lean? ¿Cómo lo harás tan relevante que las personas se sientan motivadas a hacer a un lado otras cosas para darte toda su atención, esa que dice "cuéntame más"?

¿Qué si lo que estás diciendo es irrelevante para los demás?

¿Cuándo vas a entender que,
si no se aplica a mi vida, no me interesa?
Actriz Candace Bergman
haciendo el papel de Murphy Brown

A las personas no solo les importa si lo que estás diciendo es relevante para ellos o no, sino también que lo que digas sea relevante para la situación. Asistí a una convención política local en la que un candidato dedicó sus veinte minutos de intervención a quejarse de las escuelas en los Estados Unidos y lo vergonzoso que era el hecho de que los maestros no recibieran el pago que merecían. Todos estaban de acuerdo con lo que él decía, pero él era un político del condado. Aunque lo eligieran, no tenía autoridad presupuestal sobre el sistema educativo del condado, y mucho menos del país. La impaciencia de los presentes fue aumentando, porque él no estaba en capacidad de corregir el problema del que se estaba quejando. Todo su pomposo discurso no era relevante. Un hombre a mi lado musitó: "qué desperdicio de aire". Yo estaba de acuerdo.

¿Cómo puedes saber si lo que estás diciendo está siendo relevante para los oyentes? Presta atención a su lenguaje corporal. Si comienzas a ver muchos ceños fruncidos, personas acomodándose en las sillas y dispositivos digitales en uso, las personas no están entendiendo lo que estás diciendo o no lo encuentran intrigante o relevante.

Si eso sucede, no sigas con las apreciaciones que planeaste. Has perdido su atención y no la podrás recuperar si sigues el guion. Interrúmpete a ti mismo y di: "quizás se estén preguntando cómo puede ser esto relevante para _____ (completa el espacio con tu propósito o tema)". Luego aclara cómo tú y ellos están en capacidad de actuar sobre este tema, de tal forma que vuelvan a creer que este es un buen uso de su tiempo.

Por ejemplo, ese político pudo haber salvado el día tan pronto vio que la atención de las personas se dispersaba. Él pudo haber dicho: "quizás se estén preguntando yo, como supervisor del condado, cómo puedo estar en una posición que ejerza influencia sobre los salarios de los maestros de nuestra área. Bueno, ya me he reunido con tres miembros de nuestra junta de educación y propuse un plan en el que...".

Eso habría atraído la atención de las personas, porque era prescriptivo (indicaba una solución) en lugar de solo ser descriptivo (señalar un problema). La gente solo escuchará algo terrible hasta cuando ya se sientan incómodas. Quieren saber qué vas a hacer tú al respecto, y qué puedo hacer yo al respecto.

Haz que tus conceptos sean concretos

Mi éxito en cualquier clase siempre se basó por completo en qué tanto podía recordar con precisión las definiciones de innumerables términos, como el significado exacto de 'ciencia de la computación' o cómo explicar 'gestión de proyectos' a manera

de párrafo, o las muy sutiles diferencias
entre mercadeo y publicidad.

CASEY ARK, PROPIETARIO DE PLATO WEB DESIGN

En un reflexivo artículo del Washington Post, [31] Casey Ark reveló que, aunque había estudiado ciencia de los computadores (una supuesta carrera inteligente debido a que es una de las diez ocupaciones de mayor crecimiento), lo que aprendió fue obsoleto o inútil para su trabajo. "Mi éxito en cualquier clase casi se basó por completo en qué tanto podía recordar las definiciones de innumerables términos, tales como explicar 'gestión de proyectos' o las sutiles diferencias entre mercadeo y publicidad".

Casey dijo que fue un choque fuerte el haber entrado al mundo real de los negocios para descubrir que a los empleadores no les importaba su capacidad de definir cosas, sino su capacidad para hacer cosas.

Parte de ser intrigante en el mundo de los negocios es entender que tenemos la responsabilidad de no hablar una y otra vez sobre conceptos que no aportan al resultado final. Los conceptos pueden ser ciertos, pero no dicen ni enseñan qué hacer. Si queremos la atención de los demás, es nuestra responsabilidad hacer que nuestra retórica sea real al declarar cuándo y dónde sucedieron los hechos y qué se dijo.

¿Quieres un ejemplo de cómo hacer conceptos concretos y que tu retórica sea real?

Retórica: *"Es importante proteger los computadores de tu empresa contra los hackers".*

Mundo real: *"el lunes pasado, recibimos la llamada de una tienda por departamentos, estaban en pánico. Su director de seguridad me dijo, 'un hacker acaba de robarnos toda la información de las tarjetas de crédito de nuestros clientes* *de los últimos tres años". Una hora después, nuestro equipo estaba en el sitio y pudimos identificar la fuente de la fuga y tomamos las siguientes tres medidas para restablecer su seguridad".*

Concepto*: asegúrate de hacer que los clientes se sientan bienvenidos.*

Concreto*: sigue la que he denominado norma diez-diez al saludar a los clientes. Acércate a una distancia de máximo diez pies, sonríe y diles "¿cómo puedo ayudarle?". Si estás hablando por teléfono con otro cliente, míralo a los ojos, sonríe y di: "le atenderé tan pronto termine con esta llamada". Nuestras investigaciones indican que las personas esperarán con gusto hasta diez minutos si las reconoces durante los primeros diez segundos".*

Idea abstracta*: tu trabajo como gerente es hacer que los empleados sean responsables por llegar a tiempo.*

Ejemplo práctico*: "la primera vez que un empleado llegue más de quince minutos tarde, habla con él en privado al respecto y dile esto... La segunda vez, esto es lo que haces...". Concepto: en realidad no podemos predecir el futuro.*

Concreto*: en SXSW de Austin, Nate Silver dio este ejemplo acerca de por qué "siempre se corre el riesgo de desconocer los desconocimientos".*

No te conformes con detenerte a compartir conceptos, teorías o retórica. Especifica cuándo y dónde se dieron los hechos y qué se dijo o se debió haber dicho. Como estás hablando del mundo real, ahora las personas podrán relacionar lo que estás diciendo con sus circunstancias en lugar de que tus palabras queden flotando en el espacio, sin servir a un objetivo real. Al aterrizar las ideas vagas usando el cuándo y el dónde, impulsas tu relevancia, porque las personas pueden ver dónde tus conceptos han producido o pueden producir resultados concretos.

¿Tienes las habilidades que pagan las cuentas?

"En el momento de la verdad, se obtienen excusas o resultados".
CHUCK YEAGER, PIONERO DE LA AVIACIÓN

Disfruto ver el programa de televisión *So You Think You Can Dance* (¿Entonces crees que puedes bailar?), porque presenta a personas que apuestan por sí mismas. A pesar de ir contra las probabilidades de "lograrlo" en esa industria, que sin duda es muy exigente, estos bailarines ponen todo su empeño y talento para ir en busca de aquello para lo que nacieron.

Después de ver como Ricky, quien llegó a ser el ganador del año 2014, hizo una presentación magistral de una Bossa Nova fuera de género. La jurado, Mary Murphy, dijo emocionada: "¡tienes las destrezas para pagar las cuentas!". En otras palabras, Ricky siempre va a tener trabajo bien pago, porque su amplio rango de talentos lo hace altamente "contratable" para coreógrafos, ya que pueden tener la seguridad de que él expresará con excelencia lo que ellos visualizan.

Si quieres que las personas te presten atención, es importante hacer énfasis en cómo lo que estás diciendo les será útil en la vida real. Estas son las habilidades que pagarán tus cuentas. Sí, INTRIGUE se trata de captar la atención de los demás, pero también de ayudarles a producir resultados reales.

El siguiente capítulo ofrece más maneras de ser preceptivo, de tal forma que proveas una diversidad de opciones relevantes que las personas puedan tomar como beneficios tangibles gracias a haber dedicado tiempo para prestarte atención.

Preguntas de acción:
establece relevancia para el mundo real

Por favor toma tu Formulario W5. Elige hacer al menos uno de los puntos mencionados en esta lista de comprobación de relevancia, de tal forma que las personas se vean motivadas a dejar las cosas a un lado para darte toda su atención, ya que tienen claro que esto representa un valor práctico en el mundo real para ellos. Podrías:

1. ¿Hacer una serie de preguntas del tipo "¿cuántos de ustedes se han visto en esta situación...?, a fin de dar oportunidades para que las personas se identifiquen con tu tema o lo que quieres decir?

2. ¿Pedir que levanten la mano, para involucrar físicamente a tu audiencia y crear una imagen que con claridad les ilustre que son unos de los muchos afectados por cierto problema?

3. ¿Presentar investigaciones recién publicadas que indiquen que este problema está empeorando de forma alarmante, de modo que las personas tengan un sentido de urgencia y se vean motivadas a prestar atención y tomar acciones de inmediato?

4. ¿Estar atento a las expresiones de tu audiencia y abordar la impaciencia al integrar "quizás se estén preguntando qué relevancia tiene esto con..." para que así tengan claridad sobre cuán pertinente es esto para ellos?

5. ¿Hacer que tu retórica sea real al mencionar cuándo y dónde se dieron los hechos, para que tu audiencia pueda ver que tu concepto ha producido resultados concretos en otra parte y también los puede producir para ellos?

CAPÍTULO 18

Ofrece opciones, no órdenes

Sin reflexionar, avanzamos ciegamente
por nuestro camino, creando consecuencias
indeseadas y no logrando ningún objetivo útil.
MARGARET J. WHEATLEY, ESCRITORA

ES IMPORTANTE SER intrigantes, pero no es suficiente. La verdadera pregunta es, ¿con qué objetivo? Ser intrigante es el medio, las conexiones de beneficio mutuo y resultados útiles son el fin.

Sin embargo, no podemos asumir que los demás se motivarán a seguir lo que sugerimos y actuar por sí solos. ¿Cuántas veces has asistido a algún programa que los ha dejado a todos animados y dispuestos a actuar, pero, una semana después, todo es igual que antes?

Eso es lo que va a suceder mientras no sigamos el consejo de Meg Wheatley y pensemos en cómo hacer que nuestras interacciones sean útiles para que la gente comience algo, deje de practicar algo o haga algo diferente como resultado de nuestra interacción.

Para esto, tenemos que llevar a la gente de un modo pasivo de observación ("entiendo lo que quieres decir") a un modo productivo y de acción ("aquí está lo que voy a hacer con esto").

¿Ves la diferencia? Cuando la gente está en el modo pasivo de observación, la pelota se detiene allí, no hay acción. Cuando cambian a una mentalidad de acción productiva, la pelota comienza a moverse allí.

¿Dejarás los resultados a la suerte?

Los esfuerzos sobrehumanos no sirven para
nada si no producen resultados.

ERNEST SHACKLETON, EXPLORADOR

El siguiente ejemplo muestra lo que sucede, o lo que no cuando alguien se limita a entregar un mensaje y asume que sus oyentes lo asimilarán para convertirlo en resultados. El orador principal de una conferencia internacional habló sobre los años que invirtió en su búsqueda por clasificar para los Juegos Olímpicos, de haberse asfixiado y no haber logrado clasificar a las finales, de haber abandonado el deporte con disgusto y tristeza, y luego haber decidido darle otra oportunidad para terminar ganando una medalla. Fin de la historia.

El público le dio un aplauso educado, pero eso fue todo. Fue un buen "discurso", pero ni una sola vez volvió a público para preguntar cómo podían aplicar a sus vidas lo que acababan de escuchar. Nunca preguntó:

- "¿Alguna vez te has esforzado por alcanzar algo?"
- "¿Qué dificultades enfrentaste? ¿Cómo fue?"
- "¿Quisiste tirar la toalla o seguiste adelante a pesar de los obstáculos?"
- "¿Cómo te sentiste al alcanzar aquello por lo que te esforzaste?"

Él nunca hizo que su historia fuera nuestra historia. Solo habló de sí mismo. Mantuvo a su audiencia en modo de observador, concentrados en lo que él había hecho y no en lo que ellos podían hacer.

Haz que tus puntos sean aplicables haciendo "preguntas directas"

Nunca dejes de cuestionar.
ALBERT EINSTEIN, CIENTÍFICO

Si ese atleta olímpico tan solo hubiera hecho un par de "preguntas directas"... Estas preguntas son la forma más fácil de cambiar de nuestro punto de vista al punto de vista de nuestra audiencia. Son una forma de "darle la vuelta" a la conversación con nuestro grupo, y llevarlas de pensar ese fue un buen discurso a ¿Cómo puedo aplicarlo o ponerlo en práctica en mi vida?

¿Cómo realizar preguntas directas? Pregúntate:

- ¿Cuáles son los temas principales de mi mensaje? (Para ese atleta, su tema era perseguir tus sueños, superar obstáculos, y las recompensas de la perseverancia)
- ¿Alguna vez te has esforzado por un sueño? ¿Has entregado tu corazón y alma a algo?
- ¿Encontraste obstáculos en el camino? ¿Te viste tentado a tirar la toalla?
- ¿Perseveraste sin importar nada? ¿Cuál fue el resultado?
- ¿Qué aprendiste de la experiencia? ¿Qué volverías a hacer? ¿Qué harías de otra forma?

¿Ves cómo las "preguntas directas" desvían la atención de tu experiencia a la de ellos? Las personas ya no están emocionalmente distantes y pasivas escuchándote hablar. Se están relacionando y pensando en algo similar que les ha sucedido en el pasado o les está sucediendo ahora. Están recordando cómo se sintieron, pensando en las lecciones aprendidas e imaginando cómo podrían cambiar las cosas si tuvieran la oportunidad. Eso es conectarse... y puede ocurrir en cuestión de segundos.

¿Qué acción quieres que ellos tomen?

*Las personas desarrollan la habilidad de adquirir
continuamente nuevas formas de conocimiento que pueden
aplicar a sus trabajos y vidas serán los verdaderos provocadores
de cambios en nuestra sociedad.*
BRIAN TRACY, ESCRITOR

¿Recuerdas cuando hablamos de acuñar un grito de guerra en el capítulo 11? Otra forma de aprovechar el impacto duradero de tu frase que paga (por ejemplo, "abróchalo o multa" o "prevaleceremos") es asegurarse de que tenga un verbo que articule una acción constructiva que queremos impulsar en los demás. Una frase característica que resuena puede ser ser un símbolo verbal que les recuerda a las personas cómo quieren aplicar sus nuevos conocimientos.

Por ejemplo, el meme de Sheryl Sandberg "inclínate" ha dado lugar a conversaciones por todo el país porque captura en dos palabras un comportamiento que puede ayudar a cualquiera en su carrera. Al hablar y escribir sobre su tema, ella aprovecha su frase que paga añadiendo "preguntas directas" que harán del mensaje algo universalmente relevante, que transforma su punto de vista en el de su audiencia al preguntar: ¿En el trabajo, te estás inclinando o asomando? Piensa en la última reunión de equipo en la que estuviste. ¿Aportaste a la conversación, o te recostaste y terminaste yéndote sin haber dicho nada? ¿Y qué del comité del que eres parte? ¿Estás proponiendo posibles soluciones o mantienes un perfil bajo? ¿Alguna vez te detuviste a pensar que el recibir un merecido ascenso, la dirección de un proyecto o un aumento de salario está directamente relacionado con tu actitud para inclinarte o asomarte?

Si incluyes tu grito de guerra en todo tu mensaje, estarás reforzándolo, aumentando así las probabilidades de que las personas lo recuerden, lo compartan y, lo más importante, actúen en consecuencia.

Por ejemplo, imagina que a Neil Gaiman lo entrevistaran en la televisión sobre Make Good Art (Haz buen arte). Él podría hacer que su mensaje fuera aún más practicable al conectarlo y articularlo a "preguntas directas" para los espectadores. Después de compartir la historia de Stephen King y de cómo él llegó a su revelación, él podría preguntar: "¿Alguna vez te has preocupado por lo que podría salir mal? ¿Alguna vez te has quedado dando vueltas en torno a las cosas que no puedes cambiar? ¿Estás permitiendo que tus enemigos te afecten? Quizás quieras preguntarte '¿qué puedo controlar? Puedo hacer buen arte. Eso es lo que puedo hacer'".

Hay una prueba de fuego para determinar si tu grito de guerra está teniendo el impacto previsto. Pregúntale a otros: "¿qué recuerdas de lo que dije o de lo que leyeron?" o "¿en qué has sido inspirado para hacer las cosas de otra manera?". Si la mayoría no puede repetir algo de lo que has expuesto o escrito, o no pueden indicar algo puntual que cambiarán como resultado de tu trabajo, entonces el grito no está funcionando.

Provoca un cambio

"¿Qué hora es?" "¿Quieres decir ahora?"
Yogi Berra, jugador de béisbol

El tema de esta sección implica que no es suficiente lograr la atención de alguien, el objetivo debe ser provocar un cambio ahora. Sin embargo, muchas comunicaciones terminan con un gemido. Muchas personas concluyen con un simple "gracias por escuchar" o "gracias por su tiempo". Habla de dejar resultados antes de dejar la mesa.

Si quieres que la gente coseche resultados tangibles, no puedes darte el lujo de ser sutil. Haz preguntas que siembren semillas de acciones específicas que requieran que las personas piensen exactamente cuándo y dónde van a aplicar lo aprendido para mejorar su vida y las vidas de los demás. Algunas preguntas de acción incluyen:

- "¿Qué vas a hacer de manera diferente al regresar a la oficina mañana?"
- "¿Exactamente qué es lo que vas a decir si alguna persona te vuelve a interrumpir?"
- "¿Cuándo llegues a casa esta noche, donde vas a poner tu tarjeta de recordatorio?"
- "En nuestro siguiente receso de las 2:30,..."

De hecho, esta última ayudó a una empresaria llamada Marcia a motivar a algunos inversionistas cansados de presentaciones a tener una conversación con ella. Marcia estaba programada para hablar después del almuerzo. Le preocupaban que a esa hora los asistentes estuvieran luchando con la pesadez de la tarde, así que planeamos un cierre de sesenta segundos para asegurarnos de que las personas quisieran contactarse con ella después. Esto es lo que dijo, y luego te mostraré cómo adaptar este cierre para tus propósitos.

- "Soy Marcia, la chica del pelo blanco y puntiagudo.
- En nuestro siguiente receso de las 2:30 estaré en nuestro stand en la esquina derecha de la entrada.
- Si desean una demostración del producto, una copia de las proyecciones financieras o si quieren conocer a nuestro director de tecnología para conversar sobre nuestro

software patentado, los invito a visitar nuestro stand.
* De nuevo, soy Marcia, la chica del pelo blanco y puntiagudo. Los espero en nuestro stand a las 2:30".

Adivina quién estaba rodeada de personas durante el siguiente receso... Exacto, Marcia. ¿Por qué? Ella fue la única que dio tres formas y razones específicas para tener una conversación posterior. Ella:

* Repitió su nombre durante el cierre para que su audiencia lo recordará (piénsalo, después de un largo día, ¿cuántos nombres de oradores puedes recordar?)
* Hizo una referencia visual sobre sí misma, para destacarse entre los demás (esto no es trivial. Cómo te identificarán en un mar de trajes, a menos que les des una pista colorida como: "soy Bob, el de la chaqueta verde" o "soy Patricia la del sombrero raro").
* Señaló una hora y el lugar específico donde la gente podría encontrarse con ella (esto es demasiado importante como para dejarlo al azar. Di: "voy a estar en la recepción desde las 3:00 hasta las 4:00 p.m.". O "pueden llamarme en horario de oficina el lunes entre las 10:00 y el mediodía". O "regresaré a Texas el 3 septiembre y me encantaría concertar una cita en persona").
* Ofreció tres incentivos para dar continuidad a la conversación (muchas personas desaparecen con la frase vaga: "por favor, háganme saber si tienen alguna pregunta").

Sugiere ejemplos de respuestas

Si no te gusta lo que se está diciendo, cambia de conversación.
DON DRAPER, MAD MEN

¿Quieres otra manera de ayudar a que las personas obtengan resultados reales? En lugar de decirles: "debes cambiar", sugiere lo que pueden decir de manera diferente para que descubran cómo hacer ese cambio.

Cuando las personas no saben qué decir, a menudo no dicen nada en absoluto. Por ejemplo, cuando hablo en programas de liderazgo para mujeres, a menudo me preguntan "¿por qué las mujeres son tan maliciosas entre sí?".

¿Mi respuesta? "En mi opinión, cada vez que hacemos o respondemos esa pregunta, perpetuamos ese estereotipo negativo. No ayudamos a mejorar cuando nos ponemos apodos. Si nuestro objetivo es apoyarnos unas a otras, es hora de cambiar esta narrativa. Así es como podemos hacerlo".

Si alguien dice: "¿por qué las mujeres son tan maliciosas entre ellas?" o cualquier variación del mismo tema, no repitas las palabras no deseadas. Cada vez que lo hacemos, enfatizamos lo que no queremos. Es como decirles a los niños: "no corran alrededor de la piscina". ¿Qué van a hacer? Correr alrededor de la piscina.

En su lugar de esto di: ¿sabes qué he encontrado? He encontrado que las mujeres pueden ser de gran apoyo las unas para con las otras. De hecho..." y compartir un ejemplo de cómo una mujer fue tu mentora o te defendió. La única manera de revertir esta percepción poco útil es dejar de quejarse al respecto y crear una nueva historia sobre cómo las mujeres se animan y celebrarlas entre sí.

Eso es lo que queremos, ¿verdad?

Observa que no compartí algo común, como "no lo tomen personalmente". Lo típico frustra porque termina siendo un consejo superficial. Es más útil ofrecer diálogos que ejemplifiquen qué decir cuando te encuentres en esa situación. Las respuestas de muestra impulsan la confianza de las personas porque pueden "usar sus palabras" en lugar de quedarse mudas o que se les enrede la lengua.

¿Quieres otro ejemplo de respuesta para la pregunta de las "mujeres maliciosas"? Cita a Amy Poehler, del programa Saturday Night Live, quien le dijo eso a un reportero que le preguntó: "¿Te molestan las mujeres mandonas?". Amy dijo, "me encantan las mujeres mandonas. Para mí, mandonear no es un término peyorativo. Significa que alguien es apasionada, comprometida y ambiciosa y no le molesta tomar el liderazgo".[32] Bien por Amy.

El impacto transformador de dar ejemplos de respuestas llegó a mí cuando la participante de un taller levantó la mano y dijo: "jamás me ha gustado cuando las mujeres se llaman entre sí maliciosas o mandonas, pero nunca he dicho nada porque no he sabido qué decir. Ahora tengo opciones".

Ese es el poder de las respuestas de ejemplo. Ayudan a las personas a hablar en lugar de poner la otra mejilla.

Ayuda a las personas a hacer que sus intenciones se conviertan en acciones

La vida es lo que ocurre mientas estamos ocupados haciendo otros planes.
JOHN LENNON, MÚSICO

¿No sería maravilloso si todos hiciéramos lo que queremos hacer? Sin embargo, ya sabes lo que pasa. La vida misma. Aquí hay otra manera de ayudar a las personas a convertir sus buenas intenciones en acciones y resultados. Recopila y comparte tu propia lista de diez "excelentes citas para motivar". Sugiere también que otros las pongan a la vista y las memoricen. Esto puede ser el incentivo que necesitan para superar la procrastinación. Aquí están mis diez citas favoritas:

1. "Disciplina es recordar lo que se quiere".
   —Póster en un gimnasio
2. "En el momento de la verdad, se obtienen excusas o resultados".
   —Chuck Yeager, piloto
3. "He escuchado todas las excusas del libro, pero ninguna es buena".
   —Bob Greene, entrenador físico
4. "Prefiero arrepentirme por cosas que sí hice que lamentarme por cosas que no hice".
   —Lucille Ball, actriz
5. "La acción es el antídoto para el desespero".
   —Joan Baez, cantante
6. "En un año, desearás haber comenzado hoy".
   —Ruth Reed (madre de Sam)
7. "A la vida le gusta que se la tome por la solapa y se le diga: 'estoy contigo, vamos'".
   —Maya Angelou
8. "La vida se expande o se contrae en proporción al valor personal".
   —Anaïs Nin, escritora
9. "Si quieres tener más suerte, corre más riesgos"
   —Brian Tracy, escritor
10. "Seamos, luego, actuemos..."
    —Henry Wadsworth Longfellow, poeta

¿Por qué es ventajoso dar opciones y no órdenes?

Las personas por lo general se convencen por las razones que ellas mismas descubren, no por las que otros han encontrado.
BLAISE PASCAL, ESCRITOR

Quizás estés pensando, estas sugerencias tienen sentido, pero ¿por qué titulaste este capítulo "ofrece opciones, no órdenes?". Buena pregunta. Por favor, revisa las técnicas de este capítulo. ¿Notas un patrón? Ninguna de las sugerencias implica dar órdenes en la que les dices a las personas lo que deben o deberían hacer. ¿Conoces a alguien que le guste recibir órdenes? No lo creo.

Decir a las personas: "necesitas...", "tienes que...", "debes..." o "deberías..." provoca un "grrrrr" o un sentimiento interno que dice: "no eres mi jefe". Las sugerencias en este capítulo implican dar una variedad de opciones más similares a: "quizás desees..." de modo que las personas tengan autonomía para elegir o descubrir lo que más les llama la atención y lo que a ellos concierne.

El objetivo de INTRIGUE no es controlar o manipular a las personas para que hagan lo que tú quieres, sino dar opciones de acción que les dan a las personas la libertad de decidir por sí mismas cómo quieren proceder o tener un seguimiento porque quieren y no porque se les está diciendo que lo hagan.

Preguntas de acción:
ofrece opciones, no órdenes

"Siempre digo: no hagas planes, crea opciones".
JENNIFER ANISTON, ACTRIZ

1. Por favor revisa tu Formulario W5. ¿Qué "preguntas directas" vas a hacer? ¿Qué opciones ofrecerás para que las personas tengan la autonomía y el incentivo para para tomar decisiones en formas útiles para ellos?

2. ¿Qué diálogos, frases y respuestas de muestra vas a sugerir para que las personas sepan qué decir y cómo manejar de manera más eficaz una situación difícil?

3. ¿Qué citas de inspiración vas a usar para ayudar otros a superar la procrastinación y convertir sus buenas intenciones en resultados reales?

PARTE VIII

INTRIGUE

E = EJEMPLOS

No cuentes historias, comparte ejemplos de la vida real

Al influenciar a otros, el ejemplo no es el punto principal,
es el único punto.
ALBERT SCHWEITZER, HUMANITARIO

En esta sección, descubrirás que ilustrar tus ideas con ejemplos es una de las mejores formas para establecer conexiones con otras personas.

¿Por qué podemos leer novelas por horas seguidas sin que nos resulte una tarea tediosa?

Es porque los escritores crean escenas y nos transportan justo a ese lugar. Ellos recrean conversaciones que nos llaman la atención.

Esto es lo opuesto del anglicismo INFObesidad, que el Diccionario Macmillan lo define como "la condición de consumir continuamente grandes cantidades de información, en especial cuando esto tiene un efecto negativo sobre el bienestar y la capacidad de concentración de una persona".

Si aprendes a reemplazar la INFObesidad con ejemplos reales, tu comunicación cobrará vida y se hará real.

Y las comunicaciones vívidas y reales son la clave para ejercer influencia con integridad.

CAPÍTULO 19

Ilustra tus ideas con ejemplos como el del perro en el barco petrolero

*Cuando comienzas a desarrollar tus poderes de empatía e
imaginación, el mundo entero se abre ante ti.*
SUSAN SARANDON, ACTRIZ

UN FASCINANTE ARTÍCULO del *Washington
Post* me abrió los ojos respecto a cómo ayudar a otros a imaginar una situación con la que puedan tener empatía. Un barco
petrolero se había incendiado a unas ochocientas millas de la
costa de Hawái. Un crucero que pasaba por la zona hizo un
osado rescate y pudo salvar a los once miembros de la tripulación.[33]

Luego del rescate, el capitán del petrolero dio una conferencia de prensa en la cual agradeció a nombre propio y de su
tripulación el haber sido rescatados, pero, a pesar de estar vivo,
no dejaba de pensar en su perro Hokget, que había quedado
abandonado en el barco.

Esa conferencia de prensa, con la conmovedora historia del
capitán y su perro, se hizo viral. Comenzaron a llegar donaciones de todo el mundo. $ 5. $ 500. $ 5000 (!).

La Marina de los EE.UU. cambió el área de ejercicio de
la Flota del Pacífico para realizar la búsqueda en cincuenta
mil millas cuadradas de océano abierto en un esfuerzo por
encontrar al perro. De hecho, encontraron los restos del barco
petrolero y enviaron un C-130 para que volara a baja altura
sobre él, para ver si había alguna señal de Hokget.

Efectivamente, desde la aeronave se logró divisar una mancha café que corría frenéticamente en la cubierta del barco. De manera milagrosa, después de haber permanecido a la deriva durante veinticinco días, Hogket había sobrevivido. La Guardia Costera de los EE.UU. activó una operación de casi un cuarto de *millón* de dólares (!) para rescatar al perro. Contra todos los pronósticos, los equipos de rescate pudieron traerlo de vuelta a Hawái.

¿Estás pensando, *Bien por Hokget, pero qué tiene eso que ver con conectarse con otras personas?*

Aquí está el punto. ¿Por qué personas de todo el mundo se movilizaron para salvar a *un perro* cuando hay tantas personas en sus propias ciudades, estados y países que necesitan comida, agua y un lugar para dormir?

Como Shankar Vedantum, autor del artículo, lo explica: la razón es algo llamado *empatía telescópica.* La empatía telescópica es un fenómeno sicológico cuya idea fundamental indica que "es más fácil ayudar a *una* sola persona que a *muchas*".

¿Por qué? Podemos ponernos en los zapatos de una persona. Podemos imaginar y tener empatía con la condición de esa persona. Podemos verla, relacionarnos, e identificarnos con ella. Eso es *realizable.* Pero no podemos ponernos en los zapatos de millones de personas al mismo tiempo. Nuestra mente (y corazón) no puede concebir, abarcar o imaginar demasiados números. Eso nos resulta *desalentador.* Una persona es alguien con quien nos podemos relacionar, pero no podemos hacerlo con un millón de personas.

¿Qué significa esto para ti? Puedes ser la máxima autoridad del mundo en determinada área, pero no será intrigante para nadie a menos que *ilustres* tu idea dentro de un ejemplo de *alguien* que haya experimentado lo que estás diciendo y sepa de primera mano lo valiosa que es tu solución.

¿Pueden los demás imaginar lo que dices?

El alma nunca piensa sin una imagen mental.

ARISTÓTELES, FILÓSOFO

Me senté al lado de alguien que no conocía en un almuerzo de la Asociación Nacional de Oradores. Me presenté, "soy Sam Horn, la experta en intriga". "Soy Tom Tuohy. Dirijo Dreams for Kids (Sueños para niños)", dijo él. (Sugerencia. ¿Deseas omitir conversaciones superficiales? No preguntes, "¿A qué te dedicas?" Eso provoca INFObesidad. En lugar de eso, pregunta: "¿Dame *un ejemplo* de lo que haces?". De este modo, las personas hacen a un lado la descripción de su cargo y pasan directo a la historia del perro y el barco petrolero).

Con esto en mente, le pregunté a Tom, "¿Dame *un ejemplo* de lo que hace Dreams for Kids?"

Tom lo pensó y dijo: "Bueno, hay un joven llamado JJ. Cuando tenía diecisiete años, mientras jugaba hockey, recibió un bloqueo que lo lanzó hacia afuera. Al caer, se rompió el cuello y quedó cuadripléjico de inmediato".

"Tras meses de cirugías y rehabilitación, JJ comenzó a participar en nuestros programas Extreme Recess. Pero su verdadero sueño era ir a México durante las vacaciones de primavera, así que lo hicimos realidad. En nuestro último día allá, JJ vio un folleto sobre nadar con delfines. Me dijo: 'quiero intentar esto'.

"Así que lo llevamos a las instalaciones de los delfines. Y mientras yo lo sostenía de un lado y Dick del otro, entramos con JJ a la piscina. El entrenador dejó entrar un delfín hembra. Nadó lentamente alrededor de nuestro grupo y luego se detuvo justo frente a JJ y lo escaneó con su sonar. Ella se mostró muy inquieta, probablemente porque su sonar le decía que había algo diferente en el cuerpo de JJ y no podía entenderlo.

Cuanto más se inquietaba ella, más inquieto se ponía JJ. Él me miró y dijo: 'no quiero causar problemas, creo que es mejor que me saquen de la piscina'.

Afortunadamente, el entrenador era un hombre muy compasivo. Nos dijo: 'Esperen. Traigamos a la pareja y veamos qué pasa. Y dejó que el delfín macho entrara también. También nadó alrededor del grupo, se detuvo frente a JJ y examinó su cuerpo. Se agitó un poco, se acercó a la hembra y los dos comenzaron a comunicarse entre sí.

"JJ, quien tiene un buen sentido del humor, sonrió y dijo, '¿adivinen de quién están hablando?'.

"Luego, ocurrió un milagro. El delfín hembra nadó y se acercó a JJ, se alzó sobre su cola y le dio un beso".

¿Cómo el contar la historia de un perro en un barco petrolero genera empatía?

Si seguimos explicando, pronto dejaremos de entendernos.
Talleyrand, diplomático francés

Sin duda estás pensando: *esa es una historia conmovedora, pero ¿qué tiene que ver con la empatía telescópica?*

¿Participas en alguna causa filantrópica o de caridad? Si es así, sabes que muchas de estas organizaciones en la actualidad tienen dificultades financieras. Se han visto afectadas por la difícil situación económica, y muchos patrocinadores corporativos han reducido sus donaciones.

Muchos líderes de organizaciones sin fines de lucro asisten a presentaciones públicas en las que les dan una oportunidad de cinco a diez minutos para pasar al frente de decenas de ejecutivos de fundaciones filantrópicas para exponer por qué merecen apoyo financiero para el próximo año.

Tom asiste a cuantos eventos como esos puede en un esfuerzo constante por recaudar dinero para apoyar la expansión de los programas y servicios de Dreams for Kids. Lo que sucede es que todo el mundo organiza sus diapositivas de Power-Point y comienzan a hablar sobre cómo asignan los fondos y las *muchas* personas a quienes han ayudado. Cuando es el turno de Tom, él sencillamente cuenta la historia de JJ. Durante los últimos treinta segundos de su tiempo, le dice a su audiencia que Dreams for Kids ha ayudado a 5.000 niños como JJ. Y que, con una inversión de $100 por niño, ellos pueden hacer que otros chicos como JJ salgan de la banca de la vida y entren a jugar, permitiéndoles practicar esquí acuático adaptado o montar a caballo, y que en el siguiente receso le gustaría hablar sobre cómo hacerlo.

Al finalizar un l-a-r-g-o día de presentaciones ¿con quién crees que se van a relacionar estas personas que toman las decisiones? ¿A quién recuerdan? ¿A quién se acerca y deciden financiar?

Por favor, ten presente que no estoy diciendo que las otras organizaciones no son dignas de recibir los fondos. Estoy diciendo que la información puede llegar como retórica de bla-bla-bla. Las explicaciones no hacen que las personas sientan. La lógica puede dejar a la gente en frío.

Al final del día, el público se preocupa por las personas, no por puntos.

¿Cuando te comunicas, estás usando ejemplos al estilo del perro en el barco petrolero?

La función del arte es renovar nuestra percepción. El escritor sacude una escena familiar y, como por arte de magia, vemos un nuevo significado en ella.
Anaïs Nin, escritora

¿Sabías cuál fue el título del artículo de Vedantum? ¿Fue *genocidio y hambre?* ¿Lo habrías leído? Tan vital como lo fue, Vendantum entendió que algunas personas habrían optado por no leerlo a menos que sacudiera las cosas y les ayudara a percibir ese oscuro tema bajo una nueva óptica. Al comenzar con la historia de ese perro en el barco petrolero, el escritor ayudó a los lectores a entender que si queremos que las personas se preocupen por un problema (ya sea el genocidio, el hambre o las personas con discapacidad), es mejor compartir el ejemplo de una persona para que la gente pueda tener empatía con el problema que abordamos, en lugar de sentirse abrumadas por el mismo.

¿Qué significa esto para ti? ¿Cuál es tu gran idea, problema, causa? Cuanto más intentes decirles a otros lo terrible que es la situación y cómo miles se están viendo afectados, más los ahuyentarás. En lugar de eso, pregúntate: *¿quién es un ejemplo vívido de alguien que demuestra mi premisa? ¿Quién ilustra lo que quiero comunicar?*

¿Cómo consigo mi ejemplo del perro en el barco petrolero?

La buena ficción crea empatía. Una novela nos lleva a algún lugar y nos hace ver a través de los ojos de otra persona. Nos hace vivir otra vida.
Barbara Kingsolver, escritora

¿Estás pensando?, *bien esto tiene sentido, pero ¿de verdad estás sugiriendo que no relatemos historias?* Me gustan las historias tanto como a todos, sin embargo, ¿sabes qué he aprendido en mis veinte años entrenando a personas para que hagan que sus comunicaciones escritas y habladas sean más convincentes?

A pesar del creciente reconocimiento del poder que tiene el contar historias en los negocios, muchos profesionales siguen pensando que las historias son algo de Disney o algo que les relatas a tus hijos alrededor de fogatas cuando acampas antes de ir a dormir. Justo o no (y no lo es), algunas de las personas a cargo de las decisiones todavía perciben los relatos como "sofismas" y sienten que no tienen lugar en las comunicaciones comerciales, porque son algo que puede ser *inventado*. En cierto nivel, ellos piensan: *si inventaste esta historia, ¿qué más puedes inventar?*

Es por eso que hago énfasis en que ilustres tus ideas con ejemplos reales. ¿Cómo puedes encontrar ejemplos? Mantente atento a situaciones que ofrezcan una prueba social de lo que quieres decir. Cualquiera que haya pasado tiempo a mi alrededor puede dar fe de cómo uso ejemplos breves "de sesenta segundos". Ofrecer un ejemplo rápido de alguien que ha hecho algo similar a lo que estoy hablando es una forma directa de lograr que la gente diga: "ya entiendo".

Por favor toma tu Formulario W5. ¿Cuál es el punto principal que quieres que la gente entienda, por el que deseas despertar interés, conexión, o acciones? Quién es:

- ¿ALGUIEN que haya superado un desafío porque no se dio por vencido?
- ¿ALGUIEN que ahora es mejor por la ayuda que recibió de tu compañía?
- ¿UN CLIENTE que resolvió un problema gracias a tu producto?
- ¿EL MIEMBRO de una asociación que comenzó a participar en tu organización y ahora está progresando?

¿Cuál ha sido el punto más importante en la vida de esa persona? En caso de que no estés familiarizado con el trabajo de Joseph Campbell sobre la historia de un héroe, es una estructura de relato que muchos novelistas y guionistas utilizan, en la que el personaje principal sale de casa, enfrenta la adversidad, triunfa y regresa a casa victorioso.

Tu historia del perro en el barco petrolero en esencia es el relato heroico de una persona que superó un reto en relación a tu tema. La gente se identificará con lo que estás diciendo porque se pondrán en el lugar de tu personaje y lo relacionarán con algo que ya pasaron. Ya no estarán desprendidos ni distantes. Ahora se interesarán en lo que a ti te interesa.

Preguntas de acción:
ilustra tus ideas con ejemplos como el del perro en el barco petrolero

Quizás parte de nuestra educación debería incluir entrenamiento en empatía. Imagina cuán diferente sería el mundo si hubiese "empatía de lectura, escritura y aritmética".
Neil de Grasse Tyson, astrónomo

1. Mira tu Formulario W5. ¿Cuál es la idea principal que quieres comunicar? ¿Cuál es un verdadero ejemplo de alguien que estuvo en esa situación y pudo salir adelante porque trabajó con tu compañía, utilizó su producto, contrató tus servicios o actuó con base en tu idea?

2. ¿Cómo iniciarás tu comunicación con un ejemplo (¡no una explicación!) de modo que las personas comiencen a imaginar de inmediato y tengan empatía con lo que dices?

3. ¿Hay algo importante para ti, que tu público objetivo todavía no considera importante? ¿Por qué las personas son escépticas o apáticas al respecto? ¿Hubo una ocasión en la que otra persona haya sido escéptica o apática a una situación similar, pero fue convencida y ahora cree en esto? ¿Cómo puedes convertir eso en un ejemplo similar al del perro en el barco petrolero, que genere empatía para tu tema o causa?

CAPÍTULO 20

Pon a tu audiencia en la ESCENA

El papel del músico es entender el contenido de algo y poder comunicarlo para que viva en otra persona.
Yo-Yo Ma, chelista

ALGUIEN QUE DOMINE el comunicar su mensaje para que viva en otra persona es Malala Yousafzai, de dieciséis años y ganadora del premio nobel de paz. Malala, una defensora de la educación para niñas en Pakistán, recibió un disparo en la cabeza y otro en el cuello cuando un pistolero Talibán abordó su bus escolar. Ella logró sobrevivir a esto y llegó a ser la inspiradora abanderada de los derechos de las niñas.

En una entrevista en *The Daily Show*, Jon Stewart le preguntó a Malala qué haría si un pistolero Talibán la volviera a atacar. Malala habló como si el agresor estuviera frente a ella: "Le diría lo importante que es la educación y que incluso querría que sus hijos la recibieran. Le diría 'eso es lo que quiero decirte, ahora haz lo que quieras'".

El público le dio una ovación de pie. Stewart quedó sin palabras por un momento y luego dijo: "sé que tu padre está tras bambalinas y está muy orgulloso de ti, pero ¿se enfadaría si te adopto?".[34] Quizás te guste ver este video de cómo Malala pone a la audiencia en la escena, de modo que ellos puedan ver lo que ella quiere decir.

¿Por qué el hacer una representación de lo que sucedió crea conexión?

Si este no es un buen momento para la verdad,
no sé cuándo llegaremos a ella.

NIKKI GIOVANNI, POETA

Por favor, ten presente que Malala no "contó una historia", ella representó qué le pasó y proyectó lo que diría y haría si le volviera a suceder.

Un aspecto no negociable de INTRIGUE es que siempre es un buen momento para decir la verdad. Es la única forma en que las personas pueden confiar en nosotros. Representar eventos de la vida real crea credibilidad y sentimientos en común. Las personas dejan de preguntarse si es algo que encontraste en Internet. Están en la situación contigo, viendo lo que viste e identificando lo sucedido.

Cuando ponemos a los demás en la escena con nosotros, dejan de sentirse asilados y solos, y pasan a sentir conexión, porque hacen parte de una experiencia compartida. Bien, *ya basta* de explicar por qué es tan efectivo poner a tu audiencia en la escena. El siguiente es un ejemplo de cómo hacerlo, luego compartiré cinco pasaos específicos que puedes usar para poner a los demás en la ESCENA en tus comunicaciones escritas.

Hace varios veranos quedé inmersa en mi tarea de escribir un libro. Los días y las semanas pasaron volando y, antes de darme cuenta, era septiembre y no había ido a nadar ni una sola vez. Y vivo en un lago.

Así que me hice la promesa de no permitir que eso volviera a suceder, y me comprometí a nadar varias veces a la semana. Una tarde, después de un largo día de consultas, tomé mi van y fui a "buscar una piscina". Mientras conducía, pasé por el lado de una piscina escondida debajo de unos árboles de sombra, así que, sin pensar, hice un giro en U, me estacioné y entré armada con mis lentes para tomar el sol y una toalla para una siesta.

Tan pronto vi la fuente en la parte menos profunda, supe que había encontrado la piscina de la "familia". Me ubiqué en una silla larga al lado de una mujer que cuidaba a sus tres hijos mientras jugaban. Pocos minutos después, un hombre de traje y corbata entró. Los tres niños salieron de la piscina y corrieron a su encuentro.

"Papi, papi". Él los abrazó, le dio a su esposa y beso en la mejilla y siguió hacia los vestidores para ponerse su traje de baño. Poco después, se encontraba en la piscina, rodeado de sus adorables hijos. Ellos le mostraban a él las brazadas que habían aprendido en sus lecciones de natación, saltaban de sus hombros a la piscina y también jugaron Marco Polo. Me alegró ver que las familias todavía juegan Marco Polo. Fue una escena vívida de una pintura de Norman Rockwell.

De repente, él hizo una pausa, miró a su esposa y casi maravillado le dijo, "querida, ¿por qué no hacemos esto todos los días? ¿Por qué no nos encontramos en la piscina después del trabajo?".

Debo admitirlo. Tuve que contener el aliento. La miré pensando, *por favor, di que sí.*

Ella lo pensó, sonrió con una expresión de acuerdo y dijo: "¿por qué no?".

En cinco segundos, hicieron a un lado una práctica predeterminada y adoptaron una nueva que podía impactar a su familia para siempre. En lugar de levantarse, ir a trabajar, ir a casa; ahora es levantarse, ir a trabajar, ir a la piscina, ir a casa. ¿Quién sabe?, quizás siempre recuerden ese como el verano en el que se encontraron con papá en la piscina todas las noches, el verano en el que todo iba bien en sus vidas.

¿Cómo poner a tu audiencia en la ESCENA?

*No creo que la gente esté buscando por el significado de la vida,
sino que buscan la experiencia de estar vivos.*

JOSEPH CAMPBELL, ESCRITOR

¿Te estás preguntando *qué tiene que ver esa historia de la piscina con conectarse con otras personas?* Imagina que yo quisiera enfatizar cuántos de nosotros de forma inconsciente estamos minando nuestra capacidad de conectarnos con otros, porque actuamos según nuestras prácticas predeterminadas. Imagina que quisiera recomendar que adoptemos nuevas prácticas que nos ayuden a crear conexiones de beneficio mutuo.

Yo podría continuar explicando mi idea con retórica de bla bla bla, o podría ponerte en la ESCENA de una situación en la que alguien cambió una vieja práctica predeterminada con una nueva, beneficiándose así del resultado. ¿Cuál es más atrayente, más persuasiva?

Las siguientes son cinco maneras específicas de hacer que tus ejemplos cobren vida al poner a tu audiencia en la ESCENA de un ejemplo en el que alguien hizo el cambio que estás sugiriendo. Ponlos "ahí" con:

ES = *Es detalle sensorial: ¿Cómo se veía, olía, sonaba, se sentía? Describe el tiempo, el lugar y la ubicación usando solo detalles sensoriales vívidos, de modo que también podamos pararnos o sentarnos a tu lado, porque estamos viendo a través de tus ojos mentales.*

C = *Conflicto: ¿Qué andaba mal? ¿Quién es tu personaje principal? ¿Con qué estaba teniendo dificultades? ¿Qué retos superó? Asegúrate de compartir los cambios formativos, de modo que sepamos el problema que la persona estaba enfrentando y cómo lo resolvió.*

E = Experiméntalo: No des ejemplo con tu boca, vuelve a vivir-lo en tu mente, de forma que esté pasando ahora. Robert Frost dijo: "si el escritor no llora, el lector tampoco". Siente lo que quieres que sientan las personas con quienes quieres conectarte.

N = Narrativa: ¿Por qué podemos leer novelas por horas seguidas sin que nos resulte una tarea tediosa? Es porque la narrativa nos hace sentir que estamos en medio de la conversación. La narrativa es inamovible. Incluye diálogo de ida y vuelta (él dijo: "no puedo creer que esto esté pasando". Ella dijo: "no puedo creer que no haya sucedido hace mucho tiempo") de modo que cobre vida.

A = Aparición: ¿Cuál es la lección aprendida, el final feliz, el ajá en el que se enciende la luz, suena la música y todo cae en su lugar, de modo que todos captan la idea?

Un mantra de los conferencistas solía ser: "llega a un punto, cuenta una historia". Es hora de actualizarlo. En esta época de impaciencia y atención en bancarrota, si te tardas mucho tiempo en llegar a un punto, la gente nunca llegará a la historia. Es mejor poner a la audiencia en la ESCENA de un cambio exitoso porque esto *llegará al punto por ti.*

Preguntas de acción:
Pon a tu audiencia en la ESCENA

Si hay magia en los relatos de historias, y estoy convencido que
la hay, la fórmula parece yacer únicamente en la profunda
urgencia de transmitir algo que sientes que es importante.

John Steinbeck, escritor

¿Cómo vas a hacer que tu ejemplo cobre vida al poner a los demás en la ESCENA de modo que se identifiquen contigo y lo que quieres expresar? ¿Cómo vas a representar una situación de la vida real en la que alguien superó de forma exitosa un reto relevante, de modo que cobre vida?

ES = *Es detalle sensorial: ¿Cómo vas a describir de forma vívida cómo se veía esa situación, para que tengamos un "sentido de lugar" y sintamos que estamos sentados/de pie justo a tu lado?*

C = *Conflicto: ¿Cómo vas a identificar el reto u obstáculo que tu "protagonista" enfrentó y superó, para que podamos identificarnos con él y "sentir su dolor?".*

E = *Experiméntalo: ¿Cómo te pondrás de nuevo en esa situación para revivirla de tal forma que sobre vida en tu mente y también en las nuestras?*

N = *Narrativa: ¿Cómo vas a representar el diálogo que se dio (así haya sido en tu cabeza), para que suene como si la conversación estuviera sucediendo ahora?*

A = *Aparición: ¿Cómo llegarás al punto con una lección aprendida, un final feliz o una moraleja de la historia, para que entendamos qué significa todo eso y tengamos una revelación emocional?*

Resumen y plan de acción:
¿qué sigue ahora?

*Relaciono la maestría con el optimismo. Es el sentimiento al
inicio de un proyecto cuando creo que toda mi carrera ha sido
una preparación para ese momento y estoy diciendo: ¡vamos,
comencemos! Estoy lista.*

Bailarina y coreógrafa, Twyla Tharp

En nuestro último capítulo, revisamos los cambios que espero este libro te haya inspirado a hacer.

Espero que estés optimista, listo y preparado para poner en práctica estas ideas.

De ser así, pueden ayudarte a ganar la atención y la conexión de las personas, así como expandir tu influencia para bien.

CAPÍTULO 21

Expande tu influencia para bien

He aprendido que no deberías ir por la vida
con un guante de atrapa-bolas en las dos manos;
necesitas poder lanzar algo de vuelta.

MAYA ANGELOU, ESCRITORA

SIN DUDA, BRENÉ Brown está dejando algo atrás. Hace pocos años ella era una de los 1.276.700 maestros en los Estados Unidos. Ahora, está influenciando de manera positiva a millones con sus libros, las entrevistas de Oprah en *Super Soul Sunday* y su charla en TED *Power of Vulnerability*, que es uno de los diez videos más descargados[35]... sin duda todo esto es muy merecido.

Conocí a Brené en la Reunión de liderazgo del Centro Espacial Goddard. Gail williams, la organizadora de estas series, es generosa en invitar a los oradores anteriores a sus eventos especiales. Cuando me invitó para que asistiera al programa de Brené, yo confirmé de inmediato.

El auditorio estaba lleno. Durante los primeros minutos, Brené describió que su paso de ser una auto-denominada genio a una madre apasionada, la llevó a creer que siempre iba a estar corriendo en torno a sus hijos. Ella dijo: "antes, no solía preocuparme, pero cuando llegué a ser madre, entraba a la habitación de mis hijos en la noche, los veía dormir y *lloraba*. Sabía que esto era ilógico. Estaban con buena salud, pero me sentía miserable. Esto no tenía ningún sentido".

En este punto, Brené pudo haber explicado su investigación respecto a porqué los sentimientos de amor y felicidad suelen preceder el irracional sentimiento de temor. Pudo haber acudido a la ciencia y la psicología de la vulnerabilidad e indicar que incluso los cínicos son susceptibles a esto. En lugar de esto, nos puso en la escena de una anécdota para abrirnos los ojos a lo universal que es este fenómeno.

"Imagina esto: Una familia va en un auto rumbo a la casa de los abuelos en la noche de navidad. Van tarde y los padres van discutiendo entre sí. Los niños en la silla de atrás sienten la tensión y tratan de suavizar la situación cantando una canción de navidad. Los padres se miran el uno al otro pensando: *¿qué estamos haciendo?* y comienzan a cantar con los niños. Ahí va una feliz familia cantando una canción de navidad rumbo a la casa de los abuelos. *Luego, ¿qué sucede?*".

¿Adivina que es lo que la mayoría de personas dijeron? "Tienen un accidente".

"¿Fue eso lo que pensaste? ¿Sabes qué significa eso? En el fondo, crees que la felicidad es *demasiado buena como para ser verdad*. Incluso en medio del gozo, esperas que las adversidades lleguen".

Podrías haber escuchado la caída de un alfiler. Todos los presentes en ese auditorio de la NASA, desde astrofísicos hasta ingenieros aeronáuticos, estaban 100% intrigados. ¿Por qué Brené nos cautivó desde el primer instante? ¿Por qué su mensaje hizo eco entre tantas personas? ¿Por qué su carrera ha ascendido tan rápido?

Bueno, por muchas razones. Como acabas de experimentarlo, Brené es experta en ponernos en la escena para mostrarnos lo que quiere decir; Brené es 100% auténtica. Su meta no es impresionarnos, sino conectarse con nosotros. Sin embargo, no es solo su elocuencia y perspectivas de aplicación global lo que la han llevado a la cima. En mi opinión, es porque ella ejemplifica los ocho ingredientes de INTRIGUE.

Eleva el nivel para ti y para otros

*Cuando nos consideramos agradecidos, con buena
salud y con una visión apasionada y elevada para
nuestras vidas, elevamos el nivel para todos.*
AUTORA Y ORADORA DEL PASEO DE LA FAMA MARY LOVERDE

Brené demuestra que, si creas una comunicación intrigante
que cautiva la atención y el respeto de la audiencia a la que
quieres llegar, puedes crear conexiones con cualquier persona,
en cualquier lugar y momento (incluso con astrofísicos y cien-
tíficos hablando sobre el tema "suave" de la vulnerabilidad).
Brené personifica lo que puede suceder cuando reemplazas lo
típico (INFObesidad) que generan desconexión por lo nuevo
(INTRIGUE) que has aprendido en este libro y que genera
conexiones de gratificación mutua.

INFObesidad	INTRIGUE
Introducción que pierde a la audiencia desde el comienzo	**Introducción** que gana a la audiencia desde el comienzo
Verdad y viejo	**Nuevo** y original
Desperdicio de tiempo y pérdida de confianza	**Tiempo bien utilizado**, así que se gana confianza
Se puede olvidar, queda fuera de la vista, fuera de la mente	**Repetible**, queda en la mente y es fácil de recordar
Informa. Una sola vía	**Interactúa.** Doble vía
Recibe atención primero	**Garantiza** la atención primero
No sirve y es irrelevante	**Útil** y relevante
Explicaciones confusas	**Ejemplos** que nos hacen interesar

¿Cómo puedes usar el método INTRIGUE para expandir tu influencia para bien?

¿Y si no me siento bien siendo alguien común?
¿Qué si quiero ser extraordinario?
WILL SMITH, ACTOR

Brené tiene una influencia extraordinaria. Lo cual es bueno. Por favor, entiende que tu influencia la extiendes por medio del servicio, no la arrogancia. Querer hacer una diferencia para la mayor cantidad de personas posibles es una manera de honrar la vida y sacar el mayor provecho de ella.

Pero he descubierto que hay personas que al comienzo son renuentes a hacerlo. Durante una presentación para un grupo de mujeres propietarias de empresas, mi tema era cómo aumentar nuestro impacto al hablar, escribir y entrenar en nuestras EEE (experiencia, experticia y epifanías).

Para mi sorpresa, cuando las invité a que compartieran algún triunfo reciente, muchas se opusieron. Una dijo: "ah, no creo que lo que tengo para decir sea muy interesante". Otra dijo: "no he tenido tiempo para preparar". Otra: "no hay nada de especial en lo que hice". Casi todas le restaron valor a lo que tenían que ofrecer. Y estas eran ejecutivas exitosas. Le pregunté a una de ellas, que había organizado una exitosa reunión de recaudación de fondos, que compartiera las lecciones que había aprendido. Ella se encogió y dijo; "oh, no puedo. Solo he estado haciendo esto durante cuatro meses".

Yo le dije, "tú no acabas de pensar en esto o decirlo. Organizaste un evento muy exitoso que atrajo al comisionado del PGA y a varios senadores. Todos en el evento se beneficiaron de lo que hiciste y todas las presentes se van a beneficiar de escuchar cómo lo hiciste".

Ella dijo: "pero no soy una experta. Parece un poco arrogante decirles a otros qué hacer".

"Me alegra que hayas dicho eso. Compartir lo que has aprendido no es egoísta ni arrogante, es un *regalo*. No estás diciendo: 'soy perfecta y conozco todas las respuestas'. Estás diciendo: 'esto es lo que he enfrentado y lo compartiré esperando que sea de valor para ustedes'".

¿Alguna vez lo has pensado de esa manera? Si las lecciones que has aprendido quedan en tu cabeza, no le ayudan a nadie. Todos hemos vivido algo que puede ser de valor para otros. Casi que me vuelvo egoísta al guardar para mí esas lecciones. No estás sirviendo cuando *das un paso atrás*. Sirves solo cuando *pasas al frente*".

Ella comprendió. Ella se puso de pie, pasó al frente y, en tres minutos, nos dijo cómo había organizado todo. Ella prestó un servicio al grupo porque todas se beneficiaron de las lecciones que compartió.

Las lecciones en tu cabeza no ayudan a nadie

Al final, no me interesa tanto lo que tengas para decir o vender,
sino cómo eliges vivir y dar.
Cory Booker, senador de los Estados Unidos

¿Y qué de ti? ¿Te han pedido que compartas las lecciones que has aprendido en alguna reunión de negocios o con colegas profesionales? ¿Dijiste?:

"¿Quién, ¡yo!?".

Si alguien en el trabajo te pidiera que compartieras con otros empleados la sabiduría que has adquirido mediante mucho trabajo, ¿te saldrías del juego? Si un reportero de televisión o periodista de algún medio impreso quisiera entrevistarte con respecto a tu empresa, causa o tema, ¿darías un paso atrás y dirías: "no gracias"? ¿Las normas no realistas o los temores a no poder hacerlo "a la perfección" te impiden y te hacen dudar de pasar?

No más. Este libro te ha dado las herramientas para comunicar lo que para ti es importante de manera segura y atractiva de tal forma que puedas crear conexiones con cualquier persona, en cualquier momento y en cualquier lugar. Ya sabes cómo hacer que las cejas de los demás se levanten durante el primer minuto. Sabes cómo presentar algo nuevo de tal forma que los demás quieran escuchar. Sabes cómo ganar confianza al ser breve. Sabes cómo compartir ejemplos reales de tal forma que añada valor real para otros. Ya sabes cómo vivir y devolver. Tienes la oportunidad, la obligación de usar tus nuevas destrezas para jugar un mejor juego y así extender tu influencia para bien.

Lo que deseo para ti

Quisiera que todos fueran ricos y famosos,
y tuvieran todo lo que han soñado, para que
pudieran darse cuenta, que esa no es la respuesta.
JIM CARREY, ACTOR

Creí en un pequeño pueblo al sur de California (había más caballos que personas), y los libros eran mi compañía permanente. Hasta la edad de catorce años vi al "gran mundo allá afuera" desde un valle asilado entre las montañas. Después de graduarme de la universidad, el destino conspiró para llevarme hasta Hilton Head Island, donde compartí la dirección del resort de tenis de Rod Laver, lo cual me dio la oportunidad de compartir con los "ricos y famosos".

Para mi sorpresa, como lo indicó Jim Carey, aunque muchas de estas estrellas de cine, reconocidas modelos y capitanes de la industria tuvieran éxito en lo externo, no eran felices. Descubrí muy de cerca que la riqueza, la fama, los premios, los bienes y los reconocimientos no son la respuesta. ¿Entonces cuál es la respuesta?

Las conexiones. Terminamos como comenzamos. Al finalizar tu vida ¿qué es lo que realmente va a importar? ¿Añadiste valor e hiciste alguna diferencia positiva? ¿Te acercaste en lugar de retirarte? ¿Prestaste atención a quienes y a lo que sí era importante? ¿Tuviste conexiones genuinas con las personas importantes para ti?

Si quieres triunfar, elige intrigar

*Para tener éxito, no tienes que ser un genio o un visionario,
ni siquiera tienes que haberte graduado de la universidad.
Solo necesitas un marco y un sueño.*
MICHAEL DELL, FUNDADOR DE DELL COMPUTERS

Este libro te ha dado un marco para *ganar* la atención y el respeto de los demás. Te ha dado una receta para crear conexiones de beneficio mutuo. Estos ingredientes de INTRIGUE te pueden ayudar a darles a los demás toda tu atención con aprecio, de tal forma que se ven motivados a responder de manera consecuente. Pueden ayudarte a crear experiencias que "impulsen todos los botes", de tal manera que contribuyan y conecten los unos a los otros, para que todos los involucrados se vean beneficiados.

Si tu sueño es hacer una diferencia positiva, dejar un legado perdurable de conexiones de beneficio mutuo con otras personas, ya sea dentro o fuera del trabajo, quizás te interese imprimir el "Credo INTRIGUE" (lee la página 227) y mantenerlo a la vista y en la memoria para recordar con facilidad estas técnicas.

Si revisas este credo a diario, podrás concentrarte en tu compromiso para ser más intrigado e intrigante. Puede ayudarte a crear comunicaciones relevantes a las que las personas presten atención porque confían en que serás un uso productivo de su tiempo. Los ingredientes de este credo te pueden ayudar a ser esa persona poco común que se concentra primero en lo que otros quieren, necesitan y merecen. Tu éxito y satisfacción en la vida son directamente proporcionales a la calidad de las conexiones que crees. Si esa es tu esperanza, tu sueño, elige intrigar. Todos, incuso tú, se verán beneficiados.

Preguntas de acción:
expande tu influencia para bien

Para cambiar la vida de alguien, comienza de inmediato,
hazlo exuberantemente y sin excepciones.
WILLIAMS JAMES, PSICÓLOGO

1. Revisa tu Formulario W5. ¿Cómo vas a hornear los ocho ingredientes de la receta INTRIGUE para la creación de conexiones, a fin de integrarlos en tus interacciones y aumentar las probabilidades de éxito?

2. ¿Quién es alguien a quien reconozcas como un modelo en vivo de INTRIGUE? Describe a esa persona y por qué respetas su capacidad de ganar la atención y de conectarse con cualquier persona.

3. ¿Estás listo para pasar al frente y contribuir a un nivel más alto? ¿Cómo vas a expandir tu influencia para bien, al compartir las lecciones que has aprendido cuando te pregunten?

4. ¿Dónde vas a fijar el "Credo INTRIGUE", para poder verlo con frecuencia? ¿Qué otra cosa vas a hacer (por ejemplo, tener a la mano este libro para poder consultarlo) con el fin de cambiar las costumbres antiguas con nuevas que te ayuden a convertir la INFObesidad en INTRIGA?

El credo INTRIGUE

Si quieres triunfar, elige intrigar.
SAM HORN

I = INTRODUCCIÓN: Crea una INTRODUCCIÓN que se gane a la gente con el saludo. Haz que las cejas se levanten. Pregunta "¿sabías que...?". Muéstrales el pez. Convierte un no en un sí. Comparte lo que no es común. Mentalízate hacia arriba, no hacia afuera.

N = NOVEDOSO: No es suficiente con que sea verdad; debe ser NUEVO. Mantente vigente. Crea la siguiente novedad. Provoca ajá's con ja ja's. Escríbelo cuando lo pienses. Mira al mundo con ojos recién abiertos.

T = EFICIENTE CON EL TIEMPO: Gana confianza haciendo uso eficiente del tiempo. Haz que sea breve o lo lamentarás. Envuelve tus comunicaciones. Pon a tus comunicaciones una camiseta contra la ansiedad.

R = REPETIBLE: Si las personas no lo pueden repetir, es porque no lo entendieron. Crea una frase que paga que resuene. Haz una pausa y dale fuerza. Acuña un grito de batalla con ritmo, aliteración, inflexión y rima.

I =INTERACTÚA: No te limites a informar, INTERACTÚA. Nunca vuelvas a dar un discurso de ascensor. Crea conversaciones que sean mutuamente gratificantes. Organiza un escenial donde las personas puedan contribuir y co-crear.

G = GARANTIZA, DA PRIMERO TU ATENCIÓN: Garantiza la atención. Primero Personaliza para crear conexiones. Escucha de la manera que te gusta ser escuchado. Sal de tu cabeza y entra al campo. Usa su lenguaje, satisface sus necesidades.

U = ÚTIL: Si no se puede practicar, no es útil. Establece relevancia en el mundo real. Ofrece opciones, no órdenes. Sugiere qué se puede decir. Siembra semillas de acción. Haz que los conceptos sean concretos.

E = EJEMPLOS: No cuentes historias; comparte EJEMPLOS de la vida real. Ilustra tus ideas con ejemplos como el del perro en el barco petrolero. Pon a tu audiencia en la ESCENA. Haz que las personas se interesen con empatía telescópica.

La prueba INTRIGUE

Esta corta prueba puede estimular tu mentalidad respecto a qué tan bien capacitado estás para ganar atención de calidad y crear conexiones con otros, que sean de beneficio mutuo.

Las preguntas están asociadas con los ocho ingredientes de la receta INTRIGUE para la creación de conexiones.

Si quieres mejorar tu capacidad en un área específica, solo ve a su parte correspondiente en este libro. Por ejemplo, si quieres mejorar en ser conciso con tus comunicaciones (pregunta 3), ve a la tercera parte del libro para buscar consejos prácticos sobre como "ganar confianza haciendo Uso eficiente del tiempo".

El éxito en tus negocios y la satisfacción personal son directamente proporcionales a tu capacidad para ganar atención favorable en el actual mundo de impaciencia y alienación. Esta auto-evaluación es tu primer paso para aclarar los siguientes pasos respecto a cómo mejorar las relaciones dentro y fuera del trabajo.

Haz la prueba de la siguiente página.

Responde las siguientes preguntas, evaluándolas entre casi nunca (1) y casi siempre (5).

Tu primera respuesta suele ser la correcta porque viene de tu interior, no de tu intelecto.

	Casi nunca (1)	Alguna vez (2)	En oca- siones (3)	Muy a menudo (4)	Casi siempre (5)
1.¿Puedes captar la atención favorable de las personas en los primeros sesenta segundos de tus comunicaciones?					
2.¿Puedes darles sorpresas agradables a otros al presentarles algo nuevo, actualizado o vanguardista?					
3. ¿Respetas las promesas de tiempo y eres conciso y directo con tus comunicaciones escritas o habladas?					
4.¿Usas tu mensaje para crear frases memorables y sonoras que las personas pueden repetir con precisión?					
5. ¿Cuándo las personas te preguntan "¿a qué te dedicas?" tu respuesta crea una conversación significativa?					
6. ¿Puedes hacer las cosas a un lado, escuchar con cuidado y darles a los demás toda tu atención?					

	Casi nunca (1)	Alguna vez (2)	En oca- siones (3)	Muy a menudo (4)	Casi siempre (5)
7.¿Tus comunicaciones motivan a otros a actuar y producir resultados finales que son tangibles?					
8.¿Reemplazas las explicaciones con ejemplos reales, de tal forma que tus ideas crean empatía y cobran vida?					
9.¿Puedes ganar la atención favorable de otros e influenciarlos con tus habilidades de comunicación?					
Puntajes totales:					
Gran total:					

0–17: ¿Quieres tener buenas noticias? Estás en el lugar correcto. Tus habilidades de comunicación actuales pueden no estar apoyándote al nivel que deseas, necesitas y mereces. Quizás quieras hacer que este libro sea una prioridad porque puede ayudarte a crear relaciones más gratificantes dentro y fuera del trabajo.

18–34: Por lo general, puedes ganar la atención favorable de las personas y tienes espacio para mejorar. Te sugiero ir a ciertos capítulos que se concentran en áreas de mejora, de tal forma que puedas tener acceso inmediato a las técnicas que te pueden ayudar a crear mejores conexiones en esas situaciones.

35–50: ¡Eres una estrella del INTRIGUE! Usa este libro para ser estratégico con tus comunicaciones de mayor importancia, de modo que puedas mejorar la probabilidad de producir los resultados esperados para todos los participantes.

NOTAS

Introducción

1. Ryssdal, Kai. "Los peces de colores tienen lapsos de atención más largos que los estadounidenses y la industria editorial lo sabe". *Marketplace Business.* 11 de Febrero de 2014.
2. Olds, Jacqueline, y Richard Schwartz. "The Lonely American." *Utne Reader.* Abril 2009.

Capítulo 1

3. Perman, Stacy. "Haciendo utilidades y la diferencia". *Business Week.* Abril 3, 2009.
4. Keener, Sean. Página de Internet.
5. Smith, Jacqueline. "7 cosas que probablemente no sabías acerca de tu búsqueda de empleo". Abril 16 de 2013.
6. Begley, Sharon. "La ciencia de la toma de decisiones". *Newsweek.* Marzo 15 de 2011.

Capítulo 4

7. Wong, May. "Estudio de Stanford encuentra que caminar mejora la creatividad". Stanford Daily. Abril 24 de 2014.

Capítulo 6

8. Newcomb, Peter, Y Keenan Mayo. "Cómo se ganó la web". *Vanity Fair.* Julio de 2008.
9. Sorkin, Andrew Ross. "Por qué Uber ben puede valer 18 billones de dólares". *New York Times DealBook.* Junio 9 de 2014.

Capítulo 7

10. Horovitz, Bruce. "El plan del juego de marzo de Quicken Loans paga" *USA Today.* Agosto 1 de 1999.

Capítulo 8

11. Weingarten, Gene. "Perlas antes del desayuno". Julio 20 de 2007.
12. Whitacre, Eric. "Un coro virtual de 2000 voces de fuerza" marzo 9 de 2011.

Capítulo 9

13. Carlson, Peter. "Fiel a sus pistolas". *Washington Post*. Diciembre 22 de 2007.

Capítulo 11

14. Giovanni, Nikki. "Transcripción del discurso de convocación de Nikki Giovanni". Abril 17 de 2007.
15. Shankman, Samantha. "Una corta historia acerca de 'lo que pasa en Las Vegas se queda en Las Vegas'". *The Week*. Octubre 1 de 2013.
16. Lane, Kathy. "La campaña nacional 'Abróchalo o multa' despega con un abrumador respaldo del público". Consejo Nacional de Seguridad. Comunicado de prensa. Mayo 17 de 2004.
17. Gaiman, Neil. "Haz buen arte" University of the Arts. mayo 17 de 2012. Discurso de graduación.
18. Conan, Neal. "Neil Gaiman convierte su discurso de graduación en 'buen arte'". NPR. Mayo 14 de 2013.

Capítulo 13

19. Fox, Justin. "La economía del bienestar". *Harvard Business Review*. Enero de 2012.
20. Carducci, Bernardo. "Las habilidades para conversaciones cortas mejoran con la práctica" *Science Daily*. Diciembre 18 de 2013.

Capítulo 14

21. Addley, Esther. "La Selfie de Ellen en los Óscar es la más re-tuiteada en la historia, y cada vez más personas las toman". *The Guardian*. Marzo 7 de 2014.
22. "ACTUALIZACIÓN: La teleaudiencia de los Óscar ha sido la mejor desde el año 2000, el especial después de la transmisión de los Óscar arroja los mejores resultados". Yahoo. Marzo 3 de 2004. .
23. "¿Las empresas que valoran a los empleados son más exitosas? CBS News. Agosto 31 2014.
24. Gavett, Gretchen. "Qué hacen las personas cuando atienden una llamada de negocios". *Harvard Business Review*. Agosto 19 2014.
25. Ingram, Paul. "¿La gente mezcla en mezcladores? Estructura, homofilia, y 'la vida de la fiesta'" junio de 2007.
26. Krasny, Jill. "Es oficial: El crear redes hace que las personas se sientan inferiores". *Inc. Magazine*. Impreso. Septiembre 4 de 2014.

Capítulo 15

27. Logan, John. "Sting supera su bloqueo de escritor con un nuevo musical". *Vanity Fair.* Junio de 2014

Capítulo 16

28. "Cómo ser un mejor oyente". La Universidad de Texas en Austin. Octubre 10 de 2010.
29. Simon, Scott. "Adán fue rey de los chistes cortos, pero sabía dónde parar". NPR. Mayo 31 de 2014.

Capítulo 17

30. Fallon, Joan. "El poder de la interrupción". TEDx. Mayo 20 de 2014.
31. Ark, Casey. "Estudié negocios y programación, no inglés. Todavía no puedo encontrar empleo". *Washington Post.* Agosto 27 de 2014. Página de Internet.

Capítulo 18

32. Couric, Katie. "Amy Poehler le dice a Katie Couric '¡me encantan las mujeres mandonas!'" Glamour. Abril de 2011.

Capítulo 19

33. Vendantam, Shankar. "Más allá de la comprensión: Sabemos que los genocidios y el hambre son peores tragedias que un perro perdido. Al menos eso pensamos". *Washington Post.* Enero 17 de 2010.

Capítulo 20

34. Yousafzai, Malala. Entrevista. *The Daily Show with Jon Stewart.* Comedy Central. Octubre 8 de 2013.

Capítulo 21

35. Brown, Brené. "El poder de la vulnerabilidad". TEDxHouston. Junio 2010.

Reconocimientos

Quizás no tenga el mejor empleo del mundo,
pero voy por buen camino.
BOB MANKOFF, EDITOR DE CARICATURA DEL NEW YORKER

Yo también. También siento que tengo el mejor trabajo del mundo por la calidad de personas que tengo el privilegio de tener a mi alrededor cada día. Mucho de ellos aportaron para hacer de este libro algo que haga una diferencia positiva para cada persona que lo lea.

Mucho amor para mi hermana Cheri Grimm, por haberme ayudado a dirigir mi empresa durante quince años y por ser una fuente constante de sabiduría y ánimo desde el comienzo.

Muchas gracias a Scott Ritter, Andrew Horn y Mo Sahoo por hacer crecer a INTRIGUE Agency y por proveer esa calidad de servicio a nuestros clientes que los hace felices... y que hace que vuelvan.

Mahalo (expresión de gratitud en hawaiano) a mis viejos amigos Judy Gray, Mary Loverde y Denise Brosseau, quienes invirtieron tiempo y neuronas para respaldar y mejorar este proyecto.

Un agradecimiento a mi agente Lauris Liss, quien es una rebosante fuente de sabiduría y respaldo.

Mi aprecio para el equipo de Berrett-Koehler por publicar este libro y crear una comunidad "escenial" que apoya a sus autores. El apoyo de Steve Piersanti, Jeevan Sivasubramanian, Michael Crowley, Rick Wilson, Dianne Platner, David Marshall, Katie Sheehan, Kristen Frantz, Marina Cook, Charlotte Ashlock y muchos otros miembros del equipo de BK, hicieron que este libro fuera mejor.

Un amoroso grito de ánimo a mis hijos, Tom y Andrew, y a las maravillosas mujeres que hacen parte de sus vidas, Patty Casas Horn y Miki Agrawal. Verles llevar vidas felices, saludables, productivas y de servicio a sus mejores niveles, y hacerlo con la luz en *sus* ojos, enciende la luz en los míos y pone una sonrisa en mi corazón.

Y gracias a mis clientes y público por permitirme compartir sus historias para que otros puedan beneficiarse de su éxito y lecciones aprendidas.

Acerca del autor

Sam Horn, la experta en intriga, es una estratega en posicionamiento, mensaje y manejo de marca, con una experiencia de veinte años de resultados con clientes como Intel, NASA, Boeing, Cisco, KPMG, British Airways, ASAE, y la Organización de Empresarios. Ella fue clasificada como una de las mejores oradoras en INC 500/5000.

Sam ha ayudado a miles de empresarios y ejecutivos (como Jill Nelson, fundadora de Ruby Receptionists; que en el año 2012 fue catalogada como la mejor empresa pequeña para trabajar en los Estados Unidos, según *FORTUNE Magazine*; Charlie Pellerin, gerente de proyectos del telescopio Hubble; y Nina Nashif, fundadora de Healthbox y Joven Líder Global de Economía Global) a crear libros intrigantes, discursos y presentaciones TEDx que les han ayudado a hacer crecer su influencia e impacto.

Sam es la autora de *POP!*, *Tongue Fu!* ®, *What's Holding You Back?*, *ConZentrate*, y *Take the Bully by the Horns*, los cuales han sido recomendados por personas de muy alto perfil tales como Stephen R. Covey, Billie Jean King, John Gray, Tony Robbins, y Ken Blanchard.

Sam escribe por encargo para diferentes medios, y su trabajo ha sido publicado en *Fast Company*, *The New York Times*, y *The Washington Post*.

Ella ha sido invitada a las principales cadenas de radio y televisión, incluyendo CBS, NBC, ABC, and MSNBC, National Public Radio, *Jay Leno's Tonight Show*, y *To Tell The Truth*, donde ella y su equipo de Tongue Fu!® desconcertaron al público.

Sam fue directora ejecutiva y maestra de ceremonias por diecisiete años de la Conferencia de Escritores de Maui, donde trabajó como los mejores agentes/editores y docenas de escritores de exitosos libros, incluyendo Mitch Albom, Frank McCourt, Nicholas Sparks, James Rollins, y Dave Barry.

Sam vive en un lago cerca de Wasington D.C., donde tiene lo mejor de todos los mundos. Puede tomar un avión para dar una conferencia en un congreso, visitar a sus hijos en Houston y New York, llegar al centro en media hora para ser la anfitriona de un escenial en el Club Nacional de Prensa o salir a caminar por los senderos del lago cerca a su casa. Se siente afortunada de trabajar en lo que ama y que es importante.